# Por que os homens pensam e as mulheres sentem?

Danilo Ferraz

# Por que os homens pensam e as mulheres sentem?

## Entenda as diferenças que fazem a diferença

PandorgA
2015

**Direção Editorial**
Silvia Vasconcelos
**Editora**
Barbara Castro
**Assistente Editorial**
Thaluana Catherine Meira
**Preparação**
Sandra Schamas
**Revisão e diagramação**
Fernanda Satie Ohosaku
**Ilustrações**
Rubens Gomes
**Composição de capa**
Genildo Santana

Texto de acordo com as normas do Novo Acordo Ortográfico da Língua Portuguesa
(Decreto Legislativo nº 54, de 1995)

**Dados Internacionais de Catalogação na Publicação (CIP)**
**(Câmara Brasileira do Livro, SP, Brasil)**

Ferraz, Danilo
Por que os homens pensam e as mulheres sentem? /
Danilo Ferraz -- São Paulo : PandorgA, 2015.

ISBN 978-85-8442-045-2

1. Comunicação interpessoal 2. Desenvolvimento pessoal 3. Homens - Psicologia 4. Mulheres – Psicologia 5. Relação homem-mulher
I. Título.

06.04/005-2015 CDD-158.2

**Índices para catálogo sistemático:**
1. Homem-mulher : Relacionamento : Psicologia aplicada 158.2

2015
IMPRESSO NO BRASIL
PRINTED IN BRAZIL
DIREITOS CEDIDOS PARA ESTA EDIÇÃO À
EDITORA PANDORGA
AVENIDA SÃO CAMILO, 899
CEP 06709-150 – GRANJA VIANA – COTIA – SP
TEL. (11) 4612-6404

**WWW.EDITORAPANDORGA.COM.BR**

Este livro é dedicado àqueles que compreendem que felicidade é precisar mais das pessoas e menos das coisas.

# Sumário

# Como usar este livro

Este livro pode ser lido em alguns dias, ou até mesmo em algumas horas. Sua linguagem simples e abordagem contextualizada permitirão que o leitor – seja ele homem, mulher, casado(a), solteiro(a) ou qualquer um(a) que precise ou queira um pouco de inspiração e conhecimento para transformar sua comunicação – encontre nestas páginas alguns fatos que podem mudar sua perspectiva e conheça as diferenças que, uma vez compreendidas, lhe oferecerão a oportunidade de viver relacionamentos satisfatórios e duradouros.

À medida que for dominando as informações, é provável que você adquira um aguçado senso crítico frente às relações cotidianas e possa ensinar aos outros sobre como enriquecer suas relações também. Nesse sentido, verá como é gratificante compartilhar com seus familiares e amigos o conhecimento que adquirirá a partir desta obra.

No entanto, é importante ressaltar que o que você verá neste livro não se aplica como regra a homens e mulheres individualmente, e sim uma média geral da população, tendo como base estudos neurológicos e comportamentais. Como trataremos de comportamento humano, não devemos considerar o tema pelo viés da generalização. É perfeitamente comum e cabível, por exemplo, que um homem tenha, em certas situações, padrões de conectividade e comportamento femininos – e vice-versa. Portanto, não se espante se este for o seu caso – apenas interpole as informações e aplique à sua circunstância.

Nas palavras de Stephen Covey: "Procure primeiro compreender, para depois ser compreendido". Parte de uma vida de qualidade é aprender a respeitar os sentimentos daqueles que nos cercam e considerar suas limitações emocionais. Este livro oferece ferramentas para alcançar essa compreensão e um caminho para melhorar a qualidade da sua vida e da vida de outras pessoas. Obrigado por fazer parte deste ciclo.

Divirta-se com essas informações e tenha uma fantástica experiência!

# Introdução

Uma vez alguém me disse que na vida há três coisas impossíveis de fazer. É impossível levar vantagem sobre a operadora de celular, é impossível fazer com que um garçom nos atenda até que ele esteja disposto a isso, e é impossível entender uma mulher. Para mim, o item número três era especialmente fascinante. Não pela implicação machista da afirmação, com a qual nunca concordei, mas pelo segundo teor implícito latente naquela crença: homens e mulheres são diferentes – e igualmente complicados. Mais complicado do que uma pessoa, só duas – e a isso demos o nome de "casamento". O fato é que homens e mulheres possuem mapas, mecanismos e visões diferentes, muito embora os homens se recusem a admitir essa verdade. Afinal, todo homem é um professor quando se trata do sexo oposto, certo? Pergunte a ele – especialmente quando os amigos estiverem por perto. A visão do homem em relação à mulher é repleta de generalizações que escondem sua absoluta incerteza. "Mulheres são simples", alguns homens dirão. "Elas só querem alguém que saiba presentear, amar, elogiar, agradecer e ler mentes". Em contrapartida, as mulheres retribuirão o gracejo dizendo que "a única diferença entre a cabeça de um prego e a cabeça de um homem é que a do prego serve para alguma coisa". Enquanto alguns tomam tais afirmações com uma dose de humor, outros buscam nos números dados que corroborem o desespero nelas embutido. E é provável que encontrem: nos países ocidentais, cerca de 50% dos casamentos acabam em divórcio. Na última década, cresceu em 89% o número de relacionamentos matrimoniais que sucumbiram às diferenças (muitas vezes de comunicação) e não sobreviveram à guerra dos sexos.

Se você é mulher e não entende por que homens evitam compromisso e sentam com as pernas abertas no metrô, este livro pode ajudá-la a entender esse universo. Se você é homem e não entende por que mulheres usam banheiros como ponto de encontro e insistem em "discutir a relação" mesmo quando tudo parece estar bem, este livro também é para você. E se você não se enquadra em nenhuma dessas categorias, procure orientação. Você pode estar no planeta errado.

O que as mulheres querem que os homens saibam será revelado neste livro, assim como o que os homens podem e devem fazer para conhecer a mente e a alma das mulheres. Há um motivo pelo qual é necessário chamar um homem cinco vezes antes que ele atenda; uma razão pela qual ele às vezes se fecha e ela arrisca se passar por neurótica, insegura e chata para descobrir o que está havendo. E essa razão é justificada pela simples distinção de que se trata de homens e mulheres. Sim, pertencemos à mesma espécie e possuímos propósitos semelhantes – mas as similaridades param por aí. O que motiva e define uma mulher é singularmente diferente do que motiva e define um homem. As emoções e comportamentos de cada sexo só aparentam ser misteriosos e confusos quando não entendemos nossa real natureza.

Foi Luis Fernando Veríssimo que disse: "A minha tese de que o homem descende do macaco, mas a mulher não, é apoiada em evidências científicas, não só no fato de que somos mais feios e cabeludos". Justo, mas Veríssimo nunca foi muito além em sua descoberta. Vivemos em uma época em que "igualdade" se tornou a palavra de efeito de todo discurso politicamente correto, nos levando a acreditar que homens e mulheres possuem exatamente as mesmas habilidades. A neurociência, no entanto, aponta uma outra direção. O que não quer dizer que um sexo seja melhor que o outro, entenda – são apenas diferentes. Compreender essas diferenças é a chave para uma comunicação saudável e inteligente, portanto...

*Parabéns!*

Por causa do seu interesse em melhorar sua própria comunicação com o sexo oposto, você já contribuiu para melhorar as vidas de outras pessoas. Manter um relacionamento interpessoal saudável exige tempo, esforço e compromisso de ambas as partes. Quando um deles ou ambos acham que a situação – seja ela um casamento, um namoro ou simplesmente uma amizade – é *insatisfatória*, isso provavelmente acontece por causa de problemas que surgem por causa da comunicação. Abordar estas questões antes que elas se tornem maiores aumenta suas chances de sucesso. Este livro lhe trará respostas para algumas das perguntas mais enigmáticas que você já fez a si mesmo a respeito do sexo oposto e, a partir daí, será capaz de construir sobre esse alicerce uma comunicação eficiente e uma convivência harmoniosa – com os outros e consigo mesmo(a). Acima de tudo, este livro fará você pensar. E ao reavaliar as verdadeiras possibilidades da vida, verá que a única impossibilidade real é aquela da qual Tom Jobim já nos alertava: "É impossível ser feliz sozinho".

# 1

# O LADO ROSA DA FORÇA: A MULHER NA HISTÓRIA

*Não há nada mais importante que a mulher. O resto é bobagem.*
– Oscar Niemeyer

A escuridão pode ser uma bênção ou uma maldição, dependendo das circunstâncias. Se para Prometeu ela foi uma vez um refúgio, fonte de enigmático fascínio que o fez quebrar um pequeno galho seco de árvore para desvendar o segredo da brasa quente capaz de iluminar, aquecer e cozinhar, agora era onde ele morria aos poucos. Acorrentado por Zeus a uma grande e pesada pedra, Prometeu estava sendo punido por roubar do Olimpo a única coisa que diferenciava o homem dos deuses: o fogo. Não obstante, o "pai dos deuses e dos homens" ordenou que diversos abutres devorassem o fígado do indefeso Prometeu, enquanto as sombras sugavam-lhe as últimas reservas de energia e seu espírito se esvaía a cada pôr do sol.

No Olimpo, a situação era de horror: agora que os homens conhecem o segredo do precioso elemento, pouco se diferem dos deuses. Para piorar, as longas barbas de Zeus, ele desconfiava, estavam saindo de moda. Pânico generalizado. Discutiam como tornar os homens novamente submissos e humildes. "Destruiremos o paraíso dos homens", bradou um dos deuses. "Sim! De forma rápida e efetiva! Nós os colocaremos de volta aos seus joelhos", completou outro. E assim foi: Zeus chamou Hefesto, o habilidoso deus-artesão, e pediu-lhe que confeccionasse uma imagem em bronze que se assemelhasse ao homem, mas em alguma coisa diferisse dele, de tal forma que o encantasse e comovesse, transbordasse a sua alma e o deixasse aturdido – meio abobalhado mesmo. Algum tempo se passou e os deuses se reuniram para admirar a obra-prima de Hefesto: a mulher. Como uma virgem recém-esculpida por Michelangelo, esbelta, jovem e atraente, com um semblante impenetrável. Uma criação nascida do desejo de desconcertar a vida dos mortais. A pele alva se estendia pura e transparente sobre os arcos de dois cílios quase marrons, singularidade que realçava ainda mais o efeito das pupilas de pérola verde, e de vivacidade e brilhos insustentáveis. Dos deuses, ela recebe um a um as boas-vindas: Atena lhe entrega um lindo vestido bordado, que cobre suas harmoniosas formas. Depois, coloca um véu sobre sua face serena e enfeita sua cabeça com uma guirlanda de flores coloridas. Quando a virgem está inteiramente vestida, Afrodite oferece a ela a beleza infinita e os encantos que seriam fatais aos indefesos homens. Hermes a presenteia com a língua macia, enquanto Apolo confere a ela suave e acalentadora voz. Enfim, a bela Pandora está pronta para cumprir sua missão. Mas antes Zeus lhe entrega uma caixa coberta com uma tampa. Nela, ele diz, estão contidas as misérias destinadas a assolar os mortais: reumatismo, gota, dores para enfraquecer o corpo humano. "Não abra!", ordenou o deus-mestre. Obediente, Pandora desceu do Olimpo para dar sequência ao plano de Zeus.

Um dos primeiros a vê-la caminhando entre os homens foi Epimeteu, irmão de Prometeu. De longe, ele a observou apaixonadamente. O cabelo, longo e claro, cobria as costas de Pandora até a cintura, formando uma escultural beleza que ele jamais havia visto antes. Palavras não poderiam fazê-lo chegar perto de descrever o êxtase que sentiu ao vê-la, e a corrente de eletricidade que percorreu seu corpo naquele momento. Nem mesmo as palavras de Prometeu, que o alertou sobre o perigo de se aceitar presentes de Zeus, serviam para impedir o desejo esmagador de posse que o acometeu. Era uma impressão indelével do rosto de Pandora em seu cérebro e ele sabia que a imagem angelical de sua face o perseguiria a cada dia de sua vida se não a possuísse. Tomou Pandora como sua esposa.

Encantado e comovido com a beleza de Pandora, Epimeteu aceita, das finas mãos de sua amada, a preciosa caixa que ela oferece. "É um presente de Zeus", declara Pandora. Agradecido, ele abre o mimo, ignorando os conselhos de Prometeu. Imediatamente, saltam de dentro da caixa todas as desgraças do mundo. E, assim, o homem perdeu seu paraíso.

* * *

Os dias no Jardim do Éden eram todos parecidos. Adão caminhava pelos campos em tardes de veraneio, respirando brisas marítimas que vinham do leste e sentindo o verde vívido da grama sob os pés descalços. Pisava levemente sobre o tapete florido da natureza, sob o manto melódico do canto dos pássaros, permitindo fascinar-se pelas maravilhosas criações de Deus que, dia após dia, brindava a visão de Adão com uma harmoniosa fauna e paradisíaca paisagem de belezas naturais. Os animais corriam livremente pelo campo, em perfeita sintonia. O sopro da brisa passando pelos pinheiros da montanha e pelos carvalhos do Jardim conferiam a sinfonia ideal. Só havia um porém: entre todas as criações de Deus, Adão notou, era o único de sua espécie. Depois de dar nome a todos os animais, notou que não tinha ninguém com quem compartilhar o júbilo da criação do mundo. Dentre todos os seres vivos, não havia nenhum que fosse semelhante a ele.

Ponderava este pensamento quando foi se deitar naquela noite. Esticado, com os braços cruzados para cima sob a cabeça repousada, Adão assistiu ao sol se esconder por detrás das colinas e adormeceu. Neste momento, Deus, conhecedor dos pensamentos mais íntimos de sua criação, aprofundou o sono de Adão e, com precisão cirúrgica e sem deixar sequer um vestígio, tirou dele uma costela para criar sua contraparte mais bela, a mulher. Os olhos cerrados de Adão já começavam a tremular com a volta triunfal do clarão da luz digladiando com a penumbra que se acumulava sobre suas pálpebras. Agitou-se por alguns segundos e, remexendo-se, acordou num pulo, suado, a visão um pouco embaralhada, e lá estava ela: bela, divina, nua e esplendorosa, fitando-o com inocência e pureza. "Finalmente!", comemorou Adão. "Dos meus ossos e da minha carne!" Tomou-a pela mão e apresentou, em júbilo, o paraíso que era o Jardim do Éden à luz da aurora. Informou a ela sobre a única regra existente naquele lugar: "Deus nos proibiu de apenas uma coisa. Não devemos comer do fruto desta árvore". Ele apontou para uma árvore de tronco forte, galhos robustos, cujas folhas verdes balançavam no ritmo do vento como se adquirissem vida própria com o sopro morno do Jardim. Dela, penduravam-se os frutos mais belos do Éden. "Essa é a Árvore do Conhecimento do Bem e do Mal", explicou, "e, se desobedecermos a lei de Deus, será o fim de tudo que temos aqui". Eva lamentou não poder saborear o suculento fruto daquela árvore, mas concordou.

Durante uma de suas colheitas matinais nos arredores da dita árvore, Eva viu soerguer-se lentamente de uma encosta íngreme da Árvore do Conhecimento uma serpente, com seus olhos petrificados de chamas corrosivas. "Experimente o fruto desta árvore", sussurrou a serpente.

"Não", Eva respondeu. "Estou certa de que, se o fizer, estarei desobedecendo a Deus".

Calada, a serpente girou ao redor de Eva, ostentando um único e irônico sorriso. "Não tema. A Árvore do Conhecimento lhe dará sabedoria. Se tornarão deuses vocês também".

Eva sentiu uma pontada fria do ar e um vento gelado passou por ela. O céu clareou, espalhando raios azulados e etéreos, enquanto o vento continuava a soprar, mais rápido e mais forte, até que todo o ambiente ao seu redor se cobriu de um único e singular movimento cujas definições se perdiam na vaga névoa. Sentiu seus pés se afundarem no húmus e na grama viu cessar a ventania, fazendo um último suspiro escapar de seu peito: "Sim..."

Os cabelos perfeitos de Eva eram agora fios desfiados que desciam pela testa, emoldurando a face jovem e confusa. Ao morder o fruto, selou o destino da humanidade pela tentação. Mais tarde, ofereceu o mesmo fruto a Adão que, desavisado, degustou com prazer. E, assim, o homem perdeu seu paraíso.

* * *

Há uma regra não escrita antiga que diz que, ao descartarmos uma tese, validamos automaticamente a outra. Não é a minha intenção avaliar a veracidade desses relatos ou justificar o enigma da Criação, mas sim analisá-los de um ponto de vista histórico. Recordar a utilização feita dos relatos míticos da criação para construir as diferenças dos sexos é essencial para compreendermos paradigmas que resistem até hoje. Afinal, essas narrativas institucionalizadas, recontadas desde tempos imemoriais, têm peso na constituição de valores e crenças de uma sociedade? Como esses mitos são, hoje, reapropriados pelos agentes sociais?

Entre os dois relatos, as diferenças são muitas e as semelhanças, tentadoras. Contudo, o fato de dois sistemas culturais profundamente diferentes documentarem a mulher como raiz de todo mal merece uma atenção mais aprofundada, justamente pelas suas ramificações histórico-sociais.

Primeiro, sublinhemos as diferenças. A história de Adão e Eva é um mito de fundação, ou seja, nos conta a história da criação da humanidade por meio de uma narração fantástica que segue uma estrutura, onde há a origem edênica, uma falta (ou pecado) e uma queda do homem. O mito de Pandora, por sua vez, não é, em essência, um mito fundacional. O que há em comum entre os dois mitos é a ideia de uma justificativa para a origem do mal. Mas há diferenças entre ambos: no mito de Adão e Eva, o mal advém do conhecimento, havendo escolha, o livre arbítrio da vontade dos pais da humanidade entre querer ou não querer experimentar do fruto da Árvore do Conhecimento do Bem e do Mal. No mito de Pandora, o mal é visto como fatalidade, já que Zeus intencionava desde o início castigar os homens pelo roubo do fogo sagrado, o que se cumpriu quando Pandora abriu a caixa. Há, portanto, ideias distintas que demonstram a estrutura do pensamento grego antigo e do pensamento monoteísta em relação ao mal: os gregos acreditavam no destino, enquanto os judeus atribuíam as más consequências às ações humanas. Em ambos os casos, é a mulher a perpetradora figurativa deste mal.

Em "Os Trabalhos e os Dias", poema épico de Hesíodo, autor grego que registrou o mito de Pandora, a mulher surge com um comportamento humano, qualificado como "dissimulada conduta, espírito de cão, mentiras e sedutoras palavras (...)". Não obstante, ela é apresentada como contrapartida de um dolo, um crime (o roubo do fogo). Sua beleza é ofertada como uma forma de "castigo" aos humanos, de modo que sua criação é retratada como uma "fabricação", isenta de uma alma semelhante à dos mortais.

Diferentemente de Pandora, contudo, a criação de Eva não é um castigo, mas um bem. No caso dela, cuja saga ao lado de Adão, como eleitos Rei e Rainha na administração da Terra, é contada no livro de *Gênesis* da Bíblia Sagrada, a ideia da criação da mulher parte também de uma força superior, Deus, que decide, neste caso, presentear o homem com uma semelhante. Vale destacar que o texto, mantendo-se fiel à sua tradução, não fala que a mulher recebeu uma alma: sua fabricação parte unicamente da matéria do corpo do homem. Ainda nos escritos, um discurso atribuído ao personagem Adão reforça a ideia do casamento, ao afirmar que serão "dois em uma só carne". O homem, criado do sopro divino, passa então a dividir sua existência com a mulher, criada a partir de sua costela. Esta cronologia implica a ideia de que, apesar de criados por Deus, há uma hierarquia entre eles: primeiro surge o homem, cujo corpo foi modelado com a terra, mas cuja alma veio diretamente de Deus; e depois a mulher, que, derivada do homem, surge depois dele e em função dele. Essa hierarquia é seguida por Deus, ainda que inversamente, ao distribuir as punições pelo pecado original: a serpente é obrigada a rastejar no solo sobre sua barriga, a mais baixa de todas as criaturas; a mulher, por sua vez, ficará sob o domínio do homem e, com dor, terá filhos; a punição do homem se estende à natureza, que lhe será hostil, obrigando-o a trabalhar pelo pão de cada dia. A punição descrita na Bíblia propõe papéis específicos para homens e mulheres: a eles cabe o sustento da família, e a elas, a procriação.

Os relatos de Eva e Pandora permitem múltiplas linhas interpretativas. Fato é que essa naturalidade de gênero oferece pistas para a consagração de diferenças e justifica as assimetrias nas relações de poder perpetuadas nos séculos que os seguiram.

# 2

# "NÃO ESTOU PEDINDO, ESTOU MANDANDO": O HOMEM E O GRANDE PROPÓSITO DA VIDA

*Os homens distinguem-se pelo que fazem. As mulheres, pelo que levam os homens a fazer.* – Carlos Drummond de Andrade

O corpo humano é uma elaborada e eficiente máquina genética. Sua tarefa é simples, mas não simplista: viver e amar. Tudo o que sabe fazer é sobreviver e procriar. A complexidade de seu mecanismo para alcançar o sucesso nessas duas missões

é fascinante. Considere, por exemplo, uma cicatriz. Ao se cortar, o corpo humano imediatamente começa um processo de reagrupamento e regeneração de células que restaurará o tecido danificado. Este processo de reparo, chamado de *fibroplasia*, é feito por células que migram para a ferida e produzem fibras colágenas, recobrindo a área com um tecido fibroso que protege temporariamente aquela região. O próprio organismo se encarrega de limpar o tecido lesado através de mediadores químicos e substituí-lo por uma nova camada.

E quando jejuamos? A barriga "ronca" e pede por alimento, uma explícita comunicação interna ultrainteligente que informa que o organismo está precisando de combustível. Este fenômeno acontece a partir de um estímulo de contrações musculares provocadas pelos movimentos peristálticos, que chacoalham o líquido e o ar, formando um ruído característico ao atravessar a região abdominal. Contrações fisiológicas e naturais que garantem o funcionamento (leia-se sobrevivência) desta incrível máquina genética. Este mecanismo, contudo, obedece a uma regra de igual importância: procriar. Todo o processo evolucionário – partindo do pressuposto criacionista ou darwinista – leva a isso, o irrefutável grande propósito da vida.

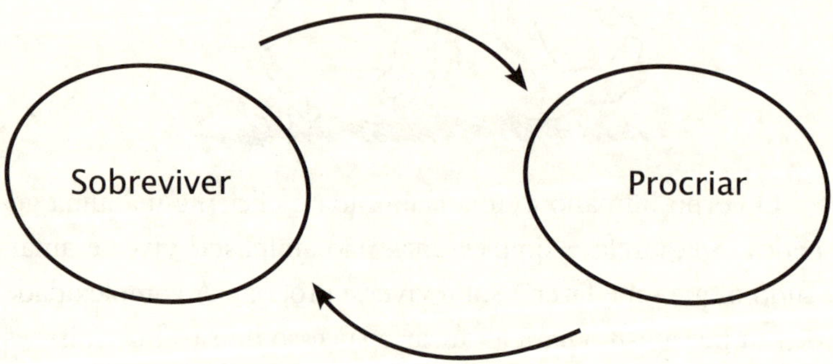

Para a raça humana, a seleção natural favorece um método de replicação que permite distinta variação genética. Explico: a troca de informações genéticas entre espécies para formar um novo ser acontece entre a maioria dos animais, além de plantas, protozoários e bactérias (sim, isso significa que eles também fazem sexo, por mais estranho que possa parecer). Sexo, porém, não pede contato físico em todos os casos. As águas-vivas, por exemplo, lançam suas células sexuais na água e lá o embrião começa a se desenvolver. As plantas possuem gametas masculinos embutidos nos grãos de pólen capazes de viajar quilômetros pelo vento antes de encontrarem uma flor para fecundá-la. A chave disso tudo é a recombinação. Para procriar, o pai e mãe da nova cria devem misturar seu DNA, a molécula que armazena todas as informações necessárias para a construção de um ser vivo. Parece simples, mas não é: o conjunto do DNA humano, o genoma, tem mais de 100 mil genes. Durante a recombinação, podem ocorrer alterações e mutações. Imagine um jogador de futebol superior que busca deixar um time medíocre de comparsas para juntar-se a um "time genético" superior, capaz de lhe dar mais chances de sobrevivência no campeonato. É essa mesma inteligência, embutida em seus genes, que permitiu a criação de seres com maiores chances de sobreviver a mudanças no ambiente em que vivem – como você. Em suma, replicar é uma forma de *continuar sobrevivendo*.

Sem calcular, usando apenas seu poder de dedução, responda: quantos *dias* você acredita que um humano comum vive?

a) Dezenas de milhares de dias.
b) Centenas de milhares de dias.
c) Milhões de dias.
d) Bilhões de dias.

*NÃO* vire a página até que tenha escolhido uma das opções.

Resposta:
a) Dezenas de milhares de dias.
Para ser exato, apenas 28.835 dias.[1]

Você possui, portanto, em média, 28.835 dias para viver sua vida. No entanto, apesar de sofisticada e bem-engrenada, a máquina da qual você dispõe para sobreviver e procriar é um modelo obsoleto. Em termos simples, a natureza não o desenvolveu para que você atuasse no ambiente no qual você vive hoje. É certo dizer que relativamente pouco mudou no nosso ambiente físico nos últimos milhares de anos: o céu ainda é azul, as árvores são verdes e, às vezes, o sol prevalece sobre as nuvens, enquanto, em outros momentos, as nuvens despejam água. É o nosso ambiente *social* que mudou drasticamente.

Olhe em torno de você. O lugar onde sentou-se para ler este livro, os objetos, os móveis, as pessoas. É provável que, neste momento, dentro de seu raio de visão, existam várias demonstrações de tecnologia e ciência características da era em que vivemos. Computadores, televisões, celulares, rádios, luz elétrica, ventiladores. Nunca, na história do planeta Terra, houve tantas criações tecnológicas atuando em sinergia ao mesmo tempo. Estima-se que, atualmente, mais de 7 bilhões de pessoas vivam no nosso planeta. Especialistas preveem que, dentro de 30 anos, esse número possa chegar a 10 bilhões. Na década de 1970, 4 bilhões de pessoas ocupavam o planeta. Se voltarmos os ponteiros do relógio alguns milhares de anos, veremos que 30 milhões de pessoas habitavam nosso planeta – número menor que a população atual do estado de São Paulo. A atual busca por sobrevivência e procriação obedece essa mutável dinâmica

1 De acordo com dados do National Center for Health Statistics de 2010.

social e acontece dentro de um ambiente de interação diferente de tudo aquilo para o qual sua existência o preparou.

Claro, nos tempos antigos era tudo mais simples: o homem caçava a comida e a mulher protegia o ninho. Esse desafio sobreviveu ao número crescente de "competidores humanos" e, embora os percalços fossem se adaptando ao mundo em mutação, permanecia clara a função de cada um: zelar (cozinhar, cuidar e trocar fraldas) e prover (caçar, proteger e desentupir a pia).

No entanto, adaptações físicas sempre sucederam adaptações de ambiente: primeiro muda-se o ambiente, só então o corpo humano se adapta. Biologicamente, nos desenvolvemos para viver em pequenos grupos de caçadores, mas vivemos em cidades com outras milhares de pessoas. Conseguimos essa proeza graças ao desenvolvimento cultural – ferramentas, linguagem, eletrônicos etc. Considere agora a calibração do corpo humano frente essa revolução – incluindo seus circuitos comportamentais e emocionais, componentes essenciais para replicação.

Na década de 1990, quando você queria comprar um celular, era só ir até a loja e comprar o celular. Na época, era um privilégio de poucos possuir o tal aparelho e não se preocupava tanto com a aparência. Só havia um modelo: feio, grande e funcional. Hoje você sai para comprar um celular e tem de escolher dentre centenas de modelos, formatos, tamanhos, funções e especificações diferentes. Na verdade, alguns celulares possuem tecnologias que sequer existiam na década de 1990! Da mesma forma, antes o homem e a mulher sabiam muito bem o que se esperava deles: o homem, durão e forte, assumia o comando e guiava a família pelos labirintos traiçoeiros da selva ou do escritório, enquanto a mulher cuidava dos filhos e não deixava o bolo queimar. Isso, além de clichê, é pura ilusão! Nunca houve uma época em que ser homem era simples, ser mulher era limitante e celulares eram apenas celulares. Ser homem e ser mulher é, como vimos no capítulo anterior, um negócio confuso desde o momento em que Adão tentou convencer sua ex-costela a não comer o fruto proibido. Além de serem fortes e assumirem o comando, agora os homens devem ser sensíveis, gentis e atentos às emoções da amada. Do contrário, são reduzidas suas chances de procriar. E as mulheres? Não bastassem as incumbências da natureza, elas dominaram o mercado de trabalho, a política e podem tranquilamente sobreviver sem a suposta proteção do macho alfa. E, com isso, reduzem as suas chances de procriar. Como consequência, limita-se o papel masculino de único provedor da família, dificultando que o homem se defina pelo trabalho depois de passar toda uma vida ouvindo que é isso o que se espera dele, sofrendo agora novas pressões para envolver-se mais na manutenção da casa e na criação dos filhos, prejudicando – você adivinhou – as chances de ambos procriarem.

Você é, portanto, um prisioneiro do tempo, preparado para viver em épocas extintas, melhor adaptado para sobreviver e procriar em tempos pré-históricos do que nos dias atuais. Pode até ser que você coma no McDonald's, voe de Singapura a Miami em um pássaro de aço enquanto fala via Skype com o primo que passa as férias em Paris, mas seu código genético difere pouco do de seus ancestrais, que arrastavam os punhos caverna adentro carregando uma lança em uma mão e a janta ensanguentada em outra.

Mas não se desespere! Suas chances de sobreviver e procriar são agora maiores do que nunca. Ao entender a atual dinâmica social na qual você se insere, torna-se mais fácil reprogramar suas limitações físicas, mentais e sociais, já que as grandes ameaças ao seres humanos não mais são predadores famintos e dilúvios catastróficos – mas, sim, outros humanos fazendo-os comer poeira no jogo da vida.

# 3

# Carros, amor e diamantes: afinal, o que querem as mulheres?

Para responder a essa pergunta, existem milhões de piadas de mau gosto e outra penca de filmes e canções – mas a verdade é muito mais simples do que qualquer coisa que a brilhante mente masculina, comumente insegura e repleta de clichês, pode conceber. Geralmente, saem arrotando por aí que "mulher gosta mesmo de dinheiro", como forma de justificar sua pobreza de qualidades e similar indisposição para aprender a lidar com o sexo oposto. O discurso geralmente vem de pessoas cujo *menor* problema é a falta de dinheiro. Na maioria das vezes, nunca leram um livro, usam o mesmo corte de cabelo desde o primeiro ano do colégio e tem pouca ou nenhuma ideia sobre como manter um papo minimamente interessante com uma mulher que não envolva times de futebol ou marcas de carro.

Os adeptos desta crença esquecem três verdades: a primeira é que *todos* gostam de dinheiro. Homens, mulheres, idosos, crianças. Seja para comprar o carro do ano ou um pacote de figurinhas, dinheiro está na lista de prioridades de qualquer pessoa. Mas, certamente, não na de uma mulher que sabe diferenciar uma carteira cheia de uma mente vazia, muito menos na de quem procura um parceiro para mais do que um fim de semana.

A segunda verdade é que mulheres querem prelúdios. Não confunda com preliminares. Falo de ajustar sua comunicação à dela. Para os homens, sexo não é muito mais complicado que um jogo de futebol. Para as mulheres, é uma espécie de cubo mágico, onde as combinações do que você faz *fora* da cama são determinantes para o que ela deixa que você faça *na* cama. É essa comunicação que abre o coração da mulher – e falaremos sobre isso mais adiante.

E a terceira, e mais importante: homens não são os únicos de nossa espécie que precisam sobreviver e procriar. A preservação do indivíduo e a perpetuação da espécie constituem o denominador comum das mulheres também. Esse instinto básico, como vimos, está enraizado nas reações naturais de seu corpo e nos instintos essenciais que formam seu comportamento. O mesmo é verdade para o circuito de atração feminino, um impiedoso e veloz *software* capaz de definir o valor do quociente sobrevivência/procriação de um homem em poucos segundos.

Todo ser humano possui uma motivação embutida para afastar-se de quem possui baixo valor social – ou seja, pessoas que não podem auxiliá-lo nos fatores sobrevivência/procriação. Para se ter uma ideia do quão automatizado esse mecanismo é, considere o seguinte experimento social: um ator se vestiu como um mendigo e, em uma rua movimentada dos Estados Unidos, se pôs a pedir esmolas para quem passava. Em uma hora, conseguiu arrecadar US$ 6. Depois, o mesmo ator vestiu um terno de luxo e, no mesmo ponto, pediu às pessoas que o ajudassem a completar o dinheiro para o metrô. Nos primeiros vinte minutos, triplicou a quantia que conseguira na primeira fase do experimento!

Em uma segunda experiência, um ator se vestiu como sem--teto e, depois, como um executivo. Em ambos os casos, andava com uma muleta e, em dado momento, fingia tropeçar, tomando um belo tombo. Qual dos dois as pessoas ajudavam a se levantar? A resposta é óbvia – e, justamente por ser óbvia, deve ser analisada com cautela. Afinal, por que as pessoas parecem ignorar os necessitados e se mostram extremamente solícitas em ajudar aqueles que mais recursos têm? *Porque é uma reação automática dos seus genes, que se preocupam apenas com sobrevivência e procriação!* As chances de sucesso nessas duas missões aumentam significativamente quando nos alinhamos – social e sexualmente – com pessoas cujo quociente sobrevivência/procriação corresponde às nossas necessidades primitivas de preservação e reprodução. Isso pode incluir desde sua tia que lhe dava dinheiro para comprar doces quando criança, quanto aquele amigo mais velho que ensinou você a paquerar garotas no colégio. A compreensão deste mecanismo é essencial para entendermos, inclusive, a importância de se viver em gratidão, apreciando o que você tem e o que pode dar, ajudando outros a encontrarem a mesma felicidade e praticando o bem em total equilíbrio. Afinal, seu corpo desconhece as necessidades da *alma* – mas sua mente não deve ignorá-las!

E o mais importante disso é:

Não tem nada a ver com dinheiro!

Elas não estão interessadas no seu carro, mas no que ele *representa!* Se mulheres foram, desde tempos imemoriais, condicionadas a buscar parceiros protetores e conforto para o lar, como isso se traduz no processo de triagem natural que, acabamos de ver, nosso corpo opera inconscientemente, a todo instante? Nos dias de hoje, elas certamente não se impressionariam com sua capacidade de caçar ou esfregar gravetos para acender uma fogueira (embora isso possa ser interessante em uma temporada de férias no campo). Entenda quais são as pistas que o radar feminino capta antes mesmo de você conseguir dizer *"Olá, você vem sempre aqui?"*:

### Elas identificam quem é o macho alfa do bando

Se observarmos atentamente a linguagem corporal – de homens, mulheres ou babuínos –, veremos que as influências arquetípicas nesse quesito se estendem para além da psique humana. Isso significa que suas reações físicas não foram ditadas por uma convivência sociocultural, mas por um instinto muito mais básico. Exemplo disso é como os primatas machos exibem sua dominância sobre outros de sua espécie: expandindo as pernas e exibindo suas áreas mais frágeis (virilha, genitália, peitoral, estômago), em uma demonstração de segurança e superioridade. Em todo caso, vale o bom-senso: excesso de demonstração de confiança pode indicar justamente o contrário.

O fenômeno pode ser observado em zoológicos, festas – ou metrôs: na próxima vez que estiver em um, observe como se sentam os homens, principalmente quando cercados de *outros* homens. Para reafirmar sua masculinidade e dominância sobre o bando, o macho alfa se sentará de forma que todos no coletivo se perguntarão de quanto espaço exatamente seus testículos precisam para que ele se sinta confortável.

ELAS PODEM JULGAR UM HOMEM PELOS SEUS SAPATOS

O comediante Dave Chapelle disse certa vez: "Homens investem em conforto porque sabem que mulheres gostam de conforto. Se elas aceitassem transar em uma caixa de papelão, homens não comprariam casas". Mulheres amam detalhes – porque enxergam significado em cada um deles. Se o homem tem um belo carro, casa ou Rolex, compreende-se que é um homem capaz de assegurar o seu próprio conforto, dos filhos e de quem tomar como esposa – ou seja, *segurança*, elemento essencial para a sobrevivência. Daí o mito de que mulheres são atraídas pelo dinheiro. Mas o mesmo efeito pode ser alcançado quando o homem se mostra inteligente, atencioso e protetor. Uma das formas de transmitir essas qualidades é por meio de seus sapatos. Se os olhos são a janela da alma, os sapatos são as janelas do estilo. A maioria dos homens os considera uma necessidade, quando, na verdade, deveriam ser tratados como um *investimento*. Eles revelam se o homem tem orgulho pelas pequenas coisas, pelas minúcias. Esses valores são reinterpretados pelo filtro feminino como pertencendo àquele homem que, sem nenhuma razão especial, ao voltar do trabalho, leva um pote de sorvete de pistache, o favorito dela; ou, ao fim do jantar, levanta e diz: "Me conte mais sobre seu dia enquanto lavo a louça".

### Elas farejam insegurança pelo seu jeito de andar

Em tempos antigos, os melhores caçadores andavam com destreza pelos labirintos selvagens, demarcando seu território com assertividade: andar ereto, peitoral saltado e passos firmes. Nada mudou desde então. Indivíduos que exibem confiança em seu jeito de andar, têm um aperto de mão firme e fazem contato visual são vistos como mais protetores e revelam níveis mais altos de testosterona, uma vez que este hormônio, além de ser associado ao sucesso e bem-estar, influencia, entre outras coisas, o comportamento e desempenho sexual masculino. O oposto, no entanto, é imediatamente rejeitado pelo filtro feminino, capaz de identificar e farejar um homem inseguro a quilômetros de distância.

# 4

# SEXO É ESCOLHA, AMOR É SORTE

O primeiro acorde da trilha sonora de *Casablanca* (1942), acompanhando os créditos iniciais deste clássico do cinema americano, já anuncia a intensidade do drama que vai se desenrolar. Como o famoso primeiro acorde em ré menor da abertura de *Don Giovanni* de Mozart, a música é grave, solene e anuncia um tempo áureo, onde os homens – aqui representados por Humphrey Bogart – dão as cartas e possuem suas mulheres furiosamente... pelo menos até o fim da sessão. "Eram outros tempos", dirão os saudosistas, só que nunca foi assim tão simples. Na verdade, saber ler os sinais femininos é uma arte quase perdida, aturdida por mensagens conflitantes de virilidade e sobre as consequências do sexo precipitado. O processo evolucional também tem seu peso nisso.

- A designação natural do ser humano é, como vimos, selecionar seus alinhamentos em favor daqueles que lhes oferecem maior valor de sobrevivência e procriação.
- Quando uma mulher observa dois homens, suas conexões elétricas avaliam imediatamente o valor de sobrevivência e

procriação de cada um. Esse procedimento é automatizado e ocorre no nível subconsciente.

- Naturalmente, suas inclinações *emocionais* penderão para aquele cujo quociente sobrevivência/procriação apresenta vantagem sobre o outro: o mais saudável, o mais inteligente, o mais independente, o mais protetor – qualidades que apresentam traços com maior valor de sobrevivência e replicação para ela.

Este mecanismo, inclusive, nos ajuda a compreender a resistência que intriga os homens há gerações. Afinal, por que mulheres tratam com tanta cautela algo que, para os homens, pode ser tão casual? A resposta pode estar na gênese do tabu. À luz do processo evolucional, mulheres colocam-se em grande perigo ao fazer sexo. Ao compreendermos que existe um refinado sistema de filtragem operando 24 horas, 365 dias por ano na mente feminina a fim de garantir uma pré-seleção apurada de parceiros, não se torna difícil entender seu mecanismo de defesa. Diferentemente do homem, o corpo da mulher sofre alterações após a relação sexual. Uma dessas "alterações" a leva à gravidez. Quando uma mulher engravida, ela se torna vulnerável, e passa a depender de uma proteção para ela e seu bebê. O homem, por outro lado, não enfrenta qualquer implicação física ou social pelo ato sexual – motivo por que enxerga o assunto sob um prisma mais casual. Sexo, portanto, representa um risco muito maior à mulher do que ao homem. Sob essa mesma perspectiva, vale destacar o *investimento* de cada um diante da teia evolutiva: para a mulher, seus anos de reprodução são consideravelmente mais curtos do que os do homem. Um estudo recente conduzido em conjunto por pesquisadores dos Estados Unidos e da Itália, e divulgado em uma edição da *Human Reproduction,* considerada a principal publicação europeia em medicina da reprodução, conclui que o relógio biológico da mulher começa a diminuir suas batidas já em torno dos 27 anos (já sobre a necessidade de se disparar milhões de espermatozoides para fertilizar um único óvulo, há a teoria feminista de que isso ocorre porque os espermatozoides são masculinos e se negam a perguntar o caminho). Os pesquisadores ressaltaram que as conclusões do estudo que contraria uma crença generalizada sobre a fertilidade da mulher até depois dos 30 anos não significam que casais mais velhos estejam, em sua maioria, impossibilitados de terem filhos. Apenas que precisarão de mais tempo e mais tentativas para a concepção. De acordo com o estudo, a fertilidade do homem também declina progressivamente com a idade – esta queda, porém, só se torna significativa a partir dos 40 anos. O pouco tempo fértil que a mulher possui é inversamente proporcional ao tempo que cada gênero leva para operar o processo de reprodução: noves meses para ela, dez minutos (ou menos) para ele.

Em consequência dessa natural engrenagem pré-programada embutida em seu sistema, mulheres são percebidas como mais seletivas do que homens. Não significa, no entanto, que elas gostem menos de sexo do que eles – apenas que a má calibração dessa estrutura pode levar a sexo seguido de arrependimento e relacionamentos que nem deveriam virar relacionamentos.

### A Tríade Vital

De acordo com a Organização Mundial de Saúde, o ser humano para ser saudável precisa equilibrar cinco saúdes: física, espiritual/intelectual, familiar, econômica/financeira e social/ecológica. Dentro desses cinco itens, podemos destacar três pilares essenciais que englobam as necessidades intrínsecas ao processo de sobrevivência e reprodução. Esses três pilares, consistentes de saúde, amor/afeto e recursos financeiros, são chamamos de Tríade Vital. Cada área dessa tríade é atrelada às outras duas de incontáveis maneiras.

Saúde: refere-se à sua saúde mental (espiritual, intelectual) e física.

Amor/afeto: refere-se primordialmente a seus relacionamentos amorosos, mas também se estende à sua vida familiar (cônjuge, filhos e parentes), amigos e colegas de trabalho.

Recursos financeiros: é a área vital que possibilita a manutenção da saúde (abrigo, comida, roupas) e relacionamentos (capacidade de prover para si e para aqueles que ama).

Sucesso em uma das áreas vitais vai afetar positivamente as outras duas, enquanto negligência à manutenção de qualquer uma delas vai influenciar negativamente as restantes. Essa reação em cadeia pode ser determinante na criação de suas crenças, que determinam seus valores, os quais, por sua vez, regem suas decisões, controlando seus resultados – ou, se preferir, seu *destino*.

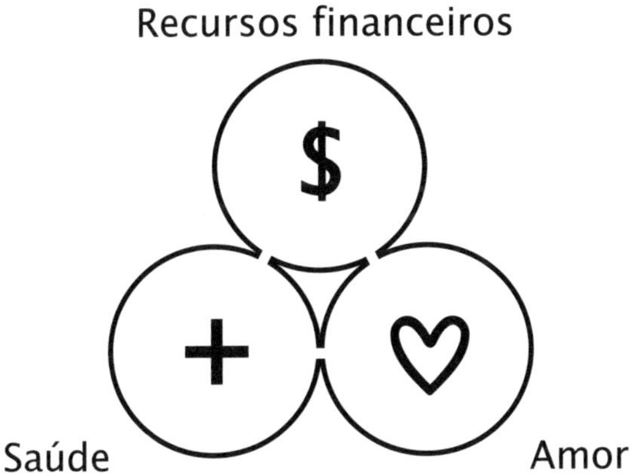


Por causa das raízes evolucionais inerentes a cada gênero e das particularidades cerebrais entre homens e mulheres, é comum encontrarmos pré-disposições e comportamentos característicos atrelados a crenças oriundas da busca em atingir-se o equilíbrio pleno da Tríade Vital. Crenças, vale lembrar, não se limitam a credos ou doutrinas religiosas, mas, sim, a qualquer princípio orientador que filtra nossa percepção do mundo. Mulheres, por exemplo, possuem uma natureza de zelo (amor/afeto) que reflete basicamente em todos os seus julgamentos. Para elas, o amor, seja ele pelo seu cônjuge ou pelos filhos, faz parte de cada minuto de seu dia – mesmo quando está engajada em tarefas que nada têm a ver com amor.

Darei um exemplo: meu amigo Marcus era o típico garanhão universitário. Solteiro convicto, ele vivia de balada em balada procurando satisfazer seus desejos primários de sexo e diversão. Um dia, conheceu Laura, uma jovem centrada, estudante de Direito e apaixonada pela vida. Decidiram namorar. Marcus me ligou para contar a novidade.

"Ela é ótima!", ele começou. "Isso é algo novo para mim, estou verdadeiramente feliz. Só tem um problema..."

"O quê?", perguntei curioso.

"Ela pensa demais em mim! Me liga só para dizer que sente minha falta, planeja encontros especiais com semanas de antecedência e está sempre comentando com as amigas sobre o quanto nosso relacionamento é especial!", explicou em tom de ligeiro desespero. "Ontem ela me mandou uma mensagem dizendo que sou a pessoa mais especial da vida dela!"

Eu tentei esconder o riso que se afrouxava em minha boca: "E o que você conclui disso tudo?"

"Bom, se ela pensa tanto em mim assim, deve ser neurótica e insegura".

"Não", respondi, "ela deve ser uma mulher apaixonada!"

Parece familiar?

O que Marcus não sabia – e que o fez perceber o carinho de Laura como algo excessivo e quase doentio – é o que a maioria dos homens não sabe sobre as mulheres: elas vivem em um mundo de amor. Isso tem razões não apenas evolutivas, mas neurológicas.

Análises de tipologia cerebral mostram que existem diferenças essenciais entre os cérebros masculinos e femininos.

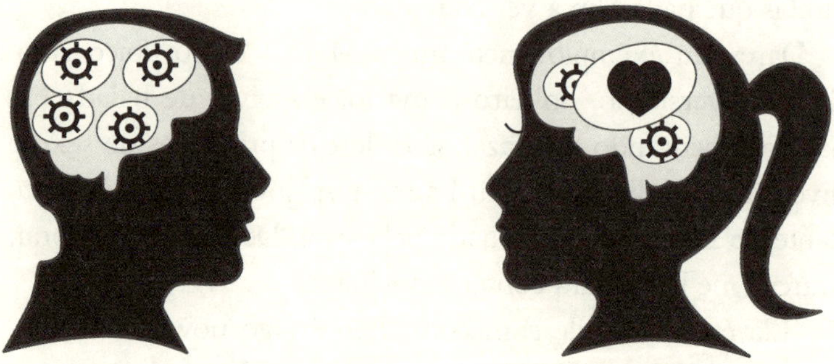

- O cérebro do homem possui 4% a mais de células do que o da mulher, e pesa cerca de 100 gramas a mais em tecido cerebral.
- Apesar de possuir menos células, o cerébro da mulher possui maior conectividade entre elas (cerca de 30% a mais que o homem), permitindo que consigam executar múltiplas atividades ao mesmo tempo com maior facilidade.
- O corpo caloso do cerébro femino é 10% mais denso que o do homem, o que permite a elas transferir informações entre os hemisférios esquerdo e direito do cérebro mais rapidamente.
- O homem, por outro lado, possui um cérebro "compartimentado", sem grande interatividade entre os hemisférios (entenderemos isso a fundo mais adiante).
- Mulheres possuem um sistema límbico maior. Esse sistema é a unidade responsável pelas emoções e comportamento social. Desenvolveu-se evolutivamente nas mulheres como forma de melhor servir as suas necessidades de zelo e procriação. Devido a esse maior e mais profundo lobo límbico, mulheres são mais conectadas aos seus sentimentos e têm melhor habilidade em se conectar com outras pessoas (motivo pelo qual entram em um banheiro público sozinhas e voltam com várias amigas). Não há nenhuma civilização no mundo em que homens sejam os principais zeladores das crias. Em consequência do hiper-desenvolvimento do sistema límbico, mulheres são mais suscetíveis a depressão, especialmente em tempos de alteração hormonal. Esse contraste se manifesta nas relações interpessoais, onde a mulher demonstra intensa necessidade de conexão e afeto – desejo que se manifesta de diferentes formas em várias áreas da vida.

Esse entendimento nos oferece uma visão singular sobre como homens e mulheres enxergam o amor, e como nos validamos como seres humanos. Para a mulher, o amor a *define*.

A mulher se distingue pela sua capacidade de amar, nutrir e proteger. Homens se definem pelas suas conquistas e realizações. As raízes evolutivas deste processo se balanceiam entre a vida e a morte: em tempos antigos, a mulher que não fosse capaz de manter seu provedor por perto por meio do amor e da conexão íntima, perecia – ela e sua cria – sob a impiedosa chaga da natureza. Esse contínuo estado de "alerta amoroso" as condicionou durante milênios a colocar o amor diante de tudo. Por esse motivo, as mulheres sentem-se essencialmente felizes quando encontram sucesso na vida amorosa. Quando não, sentem-se inquietas e inseguras. Isso explica a constante necessidade feminina de "discutir a relação": é uma forma de assegurar a sobrevivência e o fluxo natural de seu instinto mais forte.

Sob o mesmo ângulo, homens experienciam o inverso deste fenômeno: em tempos primitivos, se não fossem capazes de prover a família, eram incerimoniosamente extinguidos pela natureza. Ainda hoje, homens são socialmente cobrados para atingir o sucesso profissional e assumir a independência financeira do lar. Por essa razão, não importa o quão feliz ele esteja na vida amorosa, estará distante e amargo caso os números dos relatórios da firma não batam no final do mês.

# 5

# O PODER DA PERSPECTIVA

Reza a lenda que, certa feita, um príncipe indiano mandou chamar um grupo de cegos e os reuniu no pátio do palácio, onde havia um elefante. Em seguida, conduzindo-os pela mão, foi levando os cegos, um a um, até o paquiderme para que o apalpassem, de modo que um tocava a barriga, outro o rabo, outro a orelha e outro uma das pernas. Quando todos os cegos tinham, enfim, apalpado o animal, o príncipe ordenou que cada um explicasse aos demais cegos como era o elefante. "É gigante, como uma grande panela, mas macio", começou aquele que havia apalpado a barriga. Seu relato foi discordado pelo que havia tocado o rabo: "Se parece mais com uma vassoura!". "Nada disso", interrompeu o que tinha apalpado a orelha, afirmando que o bicho lembrava mesmo era um leque aberto. O que havia apalpado a perna interrompeu com uma alta gargalhada, e afirmou: "Ele é alto e rígido como um poste!" Os cegos se enroscaram em uma discussão sem fim – cada um querendo provar, através de sua própria experiência, que o outro estava errado.

A história é antiga, mas seu ponto principal ressoa forte: somos todos cegos quando se trata de relacionamentos humanos. Ao reconhecermos o mundo através dos nossos cinco sentidos, sempre teremos distorções da realidade e apenas uma visão parcial do todo, sendo sempre, de certa forma, enganados pela nossa percepção. O mesmo pode ser dito para a dinâmica entre homens e mulheres.

Veja se essa história soa familiar: Paulo embarca em uma viagem de negócios, deixando a esposa Jane em casa por alguns dias. Ao chegar no aeroporto de seu destino, ele liga para ela, assegurando que o voo foi tranquilo e que, em seguida, irá jantar com um cliente para discutir negócios. Na mesma noite, quando o relógio se aproxima da zero hora, Jane, inquieta, tenta se distrair enquanto espera ansiosamente por uma ligação do marido. Preocupada, ela tenta contatar Paulo no número de sua linha no hotel, mas fica sem resposta. No celular, caixa postal. Os minutos de espera transformam-se em horas de desespero e, rapidamente, o alarde já está instalado: "onde ele está? Por que não ligou de volta? E se algo de ruim aconteceu?" As perguntas ficam sem respostas até o dia seguinte, quando, em sua mente, Jane começa a ponderá-las em múltiplas – e terríveis – opções: "Ele está me evitando". "É outra mulher". "Aquela cretina da contabilidade. Certeza". Finalmente, lá pelas tantas da tarde, o telefone toca e é Paulo na outra linha: "Por que você não me ligou ontem à noite ou hoje de manhã? Eu estava preocupada!", ela brada em tom paranoico. "Do que está falando?", Paulo começa, "Eu liguei ainda no aeroporto avisando que jantaria com um cliente e, quando cheguei no hotel, estava cansado e caí no sono", justifica-se. A voz dele soa intrigada e confusa, como se ele não fizesse ideia do porquê de tanta indignação da esposa. Ela tenta verbalizar suas preocupações, mas o argumento já está contaminado por horas de frustração esperando a tal ligação e então ele dispara a pergunta: "Será que preciso ficar te ligando o dia todo pra você confiar em mim?" Um dos dois bate o telefone e uma lágrima silenciosa escorre no rosto de Jane. Por que ele não foi capaz de entender sua preocupação? Seria assim tão irracional se deixar desassossegar por causa de algumas horas sem se falar? "Ou será que ele está certo?", ela se pergunta. "Há algo de errado comigo? Sou tão carente assim?"

Este cenário é clássico entre casais e pode ser comumente referido como "comportamento feminino indesejado" – e a máxima é verdadeira para ambos os lados: mulheres de todo o mundo já passaram por esse tipo de experiência, em maior ou menor grau, e é seguro dizer que desgostam do hábito tanto quanto os homens. O fato é que, sem entender as distinções comportamentais e heranças genéticas de cada um, homens e mulheres se engalfinham em uma eterna guerra entre sexos gerando uma convivência distorcida e destrutiva. O mundo está cheio de Janes e Paulos. Para eles, torna-se fácil condenar um comportamento que não entendem. Quando olhados sem o poder da perspectiva, as singulares e encantadoras características da mulher podem ser interpretadas como indesejáveis e excessivas. No entanto, com uma reestruturação de perspectiva, as diferenças tornam-se estimadas e até apreciadas!

Ambos os sexos possuem, como vimos nos capítulos anteriores, um "mapa" de navegação mental gerado a partir de experiências e pré-disposições evolucionais e neurológicas. Antes de compreendermos o mapa emocional de cada gênero (gerado pelas experiências vividas por cada um), devemos nos concentrar no mecanismo cerebral.

Durante anos, a indústria do desenvolvimento pessoal difundiu o conceito de lateralização cerebral de forma equivocada. Em incontáveis livros e seminários, a ideia de que as pessoas mais lógicas e analíticas utilizam, predominantemente, o lado esquerdo do cérebro, enquanto aquelas que são mais intuitivas e criativas utilizam mais o lado direito, foi disseminada como uma lei natural. Mas não é. O processo de lateralização do cérebro é, sim, real e consiste na "divisão de tarefas" (ou especialização) entre os dois hemisférios.

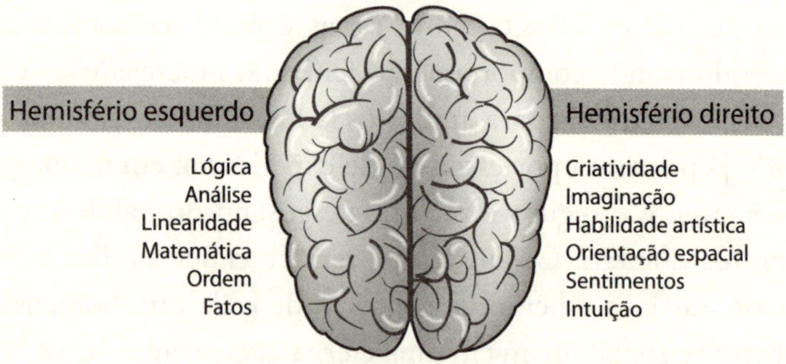


A crença de que a mulher usa acentuadamente o hemisfério cerebral direito (sensibilidade, empatia), enquanto o homem privilegia o uso do hemisfério esquerdo (capacidade de sistematização e classificação) propõe uma generalização perigosa e merece atenção mais aprofundada. O pesquisador inglês Simon Baron-Cohen, da Universidade de Cambridge, por exemplo, afirma em seus estudos que o cérebro pode ter características mais masculinas ou mais femininas – mas isso pouco tem a ver com o sexo das pessoas. Ou seja, tanto os homens podem ter cérebro feminino quanto as mulheres, cérebro masculino.

No entanto, essas diferenças de funcionamento são muito mais sutis do que se convencionou a acreditar. Pesquisas recentes confirmam que o cérebro funciona, de fato, em um esquema de mutirão, descartando a crença de que a personalidade da pessoa está diretamente ligada com o fato de um dos hemisférios ser mais ativo do que o outro. Considere uma pesquisa de dois anos divulgada pela Universidade de Utah (EUA) em

2013: tendo analisado o funcionamento cerebral de mais de mil pessoas, os pesquisadores constataram que não há indícios de maior atividade neurológica unilateral, apontando, portanto, para um funcionamento integrado entre as partes.

Ao mesmo tempo, devemos considerar as pré-disposições naturais de cada indivíduo. Darei um exemplo: durante uma sessão de compras rotineira em uma loja, fui atendido por uma simpática jovem chamada Adriane. Em uma clássica demonstração de empatia feminina, Adriane rapidamente me engajou em uma conversa agradável sobre eventos cotidianos e vida profissional – ao que ela me confidenciou, a caminho do caixa, que estava prestes a se matricular em uma faculdade onde pretendia cursar Administração. Neste momento, pude notar que havia um caderno de anotações repleto de belos desenhos sobre o balcão. Perguntei se era ela a autora daqueles elegantes rabiscos. Seus olhos brilharam: "Sim, você gostou?". Respondi que sim e comecei a cavar mais fundo: "Você também toca algum instrumento, certo?". Ela assentiu com a cabeça, um pouco confusa sobre como eu havia relacionado essas duas informações. "Piano, três anos de conservatório", respondeu. O que eu havia notado é que o comportamento de Adriane apresentava predominância hemisférica direita. "É o lado da criatividade, da afinidade, da veia artística", expliquei tentando não soar muito técnico. "Talvez não seja da minha conta, mas caso você faça, de fato, Administração, é provável que a rotina de estudos de uma disciplina exata sufoque essa pré-disposição tão latente em você – motivo pelo qual teria que se apoiar em um *hobby* ou investir muito do seu tempo pessoal para dar vazão a esse lado artístico de outras formas que não a profissional". Isso a levou a pensar em toda uma série de possibilidades. Ela agradeceu o conselho, eu paguei pelas compras e nos despedimos. Quatro meses depois, retorno à mesma loja e Adriane, empolgada, me informa que se matriculara em um curso de Jornalismo. "Você mudou em cinco minutos uma convicção que tive por cinco anos!", ela disse, radiante com as novas possibilidades. Mas estava enganada: não tinha sido eu o responsável por aquela transformação, e sim ela própria. Numa questão de minutos, o poder da perspectiva havia exercido sua magia. Esses fatos já estavam disponíveis para ela antes de minha intervenção? Claro que sim, mas ao observarmos os mesmos fatos à luz da neurologia, uma nova sequência de informações e cadeia de raciocínio se desenrolou e Adriane compreendeu como suas pré-disposições poderiam servir-lhe de forma que realização pessoal e profissional andassem em mão única.

É inegável, portanto, que o processo de lateralização entre os hemisférios pode nos oferecer pistas valiosas sobre o mapa mental que homens e mulheres utilizam para navegar o agitado mar das relações interpessoais – principalmente quando levamos em consideração as conexões específicas inerentes a cada gênero.

- Deixe que ele tire o carro da garagem: é normalmente maior em homens a área do cérebro chamada Lóbulo Parietal Inferior (LPI). Entre as funções deste lóbulo, está a iniciação do processamento cortical da informação táctil e proprioceptiva – em termos simples, habilidade espacial. Por esse motivo, homens comumente realizam cálculos matemáticos mentais, orientam-se no espaço físico e visualizam objetos tridimensionais com mais propriedade.

- Sexo frágil, que nada: apesar de homens serem mais resistentes à dor, são as mulheres as mais sensíveis à intensidade dela. As amígdalas cerebelosas formam um grupo de neurônios situados no polo temporal do hemisfério cerebral que é a área ativada quando sentimos dor. Esta região faz parte do sistema límbico, notadamente maior em mulheres, e é um importante centro regulador do comportamento sexual, dos sentimentos e da dor.

- Mulheres não esquecem: aos homens que estão lendo este livro: lembra-se daquela vez que você esqueceu o aniversário dela? Claro que não, mas ela lembra – e provavelmente não esquecerá tão cedo. Isso é porque mulheres geralmente possuem melhor memória que homens. Elas possuem maior atividade no hipocampo, estrutura componente do sistema límbico localizada nos lobos temporais do cérebro humano, responsável por guardar memórias. Pesquisas mostram distinta superioridade do sexo feminino para lembrar palavras, nomes, rostos, objetos, fotos e eventos cotidianos.

- "Que tal um arranjo de flores na mesa de centro?": as mulheres são geralmente melhores que os homens em relações humanas, em reconhecer aspectos emocionais nas outras pessoas, na linguagem e apreciação estética – elementos associados ao hemisfério direito. Por esse motivo, parecem querer preencher todo e qualquer vazio na casa com arranjo de flores, perguntando o que você está pensando, readequando móveis e ajeitando sua gravata.

Com um entendimento mais apurado do funcionamento cerebral de ambos os sexos, vamos voltar ao exemplo de Paulo e Jane por um instante. Na busca incessante de Jane por conexão, uma característica feminina designada para alimentar e manter o fluxo de sentimentos em constante ação no hemisfério direito do cérebro, ela permaneceu em "alerta amoroso" durante a ausência do marido, propondo diálogo e compartilhamento contínuo de sentimentos. Paulo, por outro lado, agiu de forma lógica e sistematizada, uma característica masculina designada para obter resultados e manter o status dominante. Seu raciocínio o leva, então, a se colocar no lugar de Jane e pensar: "Se eu fizesse isso, significaria que estou muito carente e desesperado por atenção". Esse intenso contraste de prioridades e mecanismo de juízo é determinante na vida de muitos casais, cujos relacionamentos se rompem por atritos que nascem da pura incompreensão da natureza de cada um. Ao ligar para o marido repetidas vezes, Jane está, na realidade, agindo ao ritmo natural de seus impulsos neurológicos e evolucionais. Para Paulo, que desconhece as palpáveis diferenças no funcionamento da mente masculina e feminina, ela está sendo controladora e insegura – e essa percepção errônea se manifesta em forma de críticas quando ele é, enfim, confrontado sobre o assunto, tomando por defeito as qualidades que definem Jane (e todas as mulheres que se identificam com essa história) como uma mulher atenciosa, carinhosa e empenhada em criar um laço de confiança íntimo e um relacionamento gratificante para ambos.

Ao reconhecer que a atenção de Jane é uma demonstração de carinho e zelo, Paulo se permitiria fazer perguntas menos agressivas ("Será que preciso ficar te ligando o dia todo pra você confiar em mim?") e mais sensíveis aos sentimentos da esposa ("Obrigado por pensar em mim. O que acha de sairmos pra jantar naquele restaurante que você gosta quando eu chegar?"). Além de permitir novos resultados e semear compreensão em, por vezes, um árido terreno interpessoal, o poder da perspectiva pode garantir uma comunicação mais saudável e eliminar o "elefante na sala" – ou no quarto.

# 6

# PIZZA E MACARRÃO: ENTENDENDO AS CONEXÕES

Eis aqui uma estatística: em média, mulheres falam 7 mil palavras por dia, contra apenas 2 mil dos homens. Isso acontece porque – além de terem que repetir a mesma coisa uma centena de vezes para os ouvidos masculinos desatentos – mulheres possuem um circuito cerebral pautado pela multiplicidade de informações, enquanto o homem é distintamente singular em suas tarefas.

Deixe-me simplificar.

Imagine uma pizza, fatiada em vários pedaços. Cada pedaço é separado do outro, permitindo uma conveniente forma de segurar aquela única fatia a ser saboreada. Essa é a forma como homens sistematizam informações. Seu raciocínio é dividido em "fatias" e cada uma delas contém um exclusivo assunto apenas. Eles têm a fatia dedicada para o carro, a fatia para o relacionamento amoroso, a fatia dedicada para o trabalho, e assim por diante. O que as mulheres falham em compreender é que o homem vive *uma fatia de cada vez:* quando ele está na fatia do trabalho, é lá que ele ficará; quando está assistindo TV, é só isso que estará fazendo. Este fenômeno é comumente referido como *compartimentalização*. Você já deve ter experienciado algo similar: o homem na garagem, limpando o carburador do carro, a mulher se aproxima romanticamente, sussurrando-lhe palavras adocicadas no ouvido e acariciando-lhe os ombros – e não obtém reação alguma dele. Ela insiste com um pouco mais de charme e é recebida com igual indiferença. Em poucos minutos (ou *segundos*, entre alguns casais) o estresse está formado: ela se sente indesejada e ele, confuso, começa a procurar no Google um psicólogo que possa ajudá-lo a entender a mente feminina.

O fato é que, ao organizar sua vida em fatias, o homem tende a passar mais tempo "saboreando" as que lhe dão mais prazer – ou seja, nas quais ele obtém mais sucesso e recompensa concreta, fatores evolucionalmente prioritários ao homem. Ao estrategizar seu foco nas fatias que lhe dão maior satisfação, ele automaticamente se distancia daquelas que trazem confusão e incerteza, provocando nele a sensação de fracasso. O processo de lateralização, estudado na capítulo anterior, oferece informações poderosas sobre isso. Por exemplo, por possuir maiores habilidades mecânicas, espaciais e sequenciais, eles se atrelam emocionalmente a atividades como construir, arrumar e caçar coisas. Por conseguir se concentrar em apenas uma coisa de cada vez, homens são vistos como insensíveis – quando, muitas vezes, só estavam em outra fatia de sua mente quando tal situação ocorreu.

Mulheres, por outro lado, processam a vida na forma de um grande prato de macarrão. Se você tentar seguir um único fio de macarrão pelo prato, verá que ele toca em outros diversos fios, às vezes até atravessando o outro de forma discreta e fluida. Essa "interconexão" de focos permite à mulher a habilidade de multitarefa - motivo pelo qual elas consideram inconcebível a ideia de focar em um único assunto, incitando perguntas do tipo "No que você está pensando?" ou "Está escondendo algo de mim?". A consequência imediata dessa sensível diferença é que a linguagem do homem é mais objetiva, concreta e direta, em oposição à da mulher, que é repleta de detalhes e nuances. Observe, por exemplo, como homens e mulheres contam histórias. Quando contado por um homem, o relato segue uma estrutura bem básica: quem, onde, o quê. "Bob e eu estávamos andando pelo estacionamento quando um cara derrubou uma moto ao manobrar sua SUV". A mesma história, se contada por uma mulher, será bem mais minuciosa e envolverá sentimentos - *muitos* sentimentos. "Marta e eu estávamos no estacionamento porque tínhamos acabado de sair do *shopping,* que estava com promoções incríveis de sapatos. Nossas mãos estavam cheias de sacolas e já estávamos bem cansadas por causa do trabalho, já que Bárbara se demitiu na semana passada porque descobriu que seu noivo a traía com sua melhor amiga e se mudou para Nova York onde pretende estudar moda, então ficamos um tanto quanto sobrecarregadas com...". Quando a história finalmente chegar à sua conclusão, o homem já terá experimentado, muito a contragosto, pelo menos cinco fatias de sua atenção compartimentalizada. Não por acaso, a duração média de uma conversa de mulher ao telefone, segundo pesquisas, é de 16 minutos, contra apenas 3 minutos dos homens.

O que ocorre é que a mulher se exprime muito mais emocionalmente do que racionalmente. Na verdade, ela "sente em voz alta", isto é, vai externando seus sentimentos à medida que os sente. Já o homem discorre mais racionalmente e sem apego emocional. Para comprovar essa dicotomia, basta observar o que ocorre com cada um quando há um problema a ser resolvido. O homem busca, em solidão e silêncio, ter uma conversa intrapessoal, isto é, consigo mesmo. Não adianta puxar conversa: ele vai responder, se o fizer, com monossílabos inexpressivos. Já a mulher prefere conversar sobre o assunto, expor seus sentimentos em forma de palavras, choro ou debate. Ambos os estilos servem o propósito específico de comunicação individual, e não devem ser submetidos aos critérios do outro. Por exemplo, homens possuem uma visão prática das coisas: se algo está errado, deve ser consertado. No entanto, quando uma mulher expressa seus sentimentos, muitas vezes não está esperando nenhum tipo de consolo ou solução mágica – mas apenas um *ouvido*.

A analogia pizza/macarrão funciona como uma forma simplificada de entender as diferenças de conexões entre os gêneros. Essa ideia ganhou força com um estudo da Universidade da Pensilvânia, publicado em dezembro de 2013, que descobriu diferenças marcantes na conectividade neural de homens e mulheres. O estudo analisou a conectividade cerebral de 949 indivíduos (521 mulheres e 428 homens) com idade entre 8 e 22 anos, usando uma técnica de imagem à base de água capaz de "mapear" e destacar as vias que conectam as diferentes regiões do cérebro, chamada DTI *(Diffusion Tensor Imaging)*. O estudo, liderado pelo professor Ragini Verma, concluiu que os cérebros masculinos têm mais conexões dentro dos hemisférios, enquanto os cérebros femininos são mais bem conectados *entre* os hemisférios. Isso sugere que o cérebro dos homens é mais bem esturutrado para facilitar a conectividade entre a percepção e a ação coordenada, e o das mulheres facilita a comunicação entre seu lado analítico e a intuição. "Esses mapas nos mostram uma gritante diferença e complementaridade na arquitetura do cérebro humano, que ajuda a fornecer uma base neural potencial de por que os homens se destacam em determinadas tarefas, e as mulheres em outras", disse Verma.

- *Homens são mais propensos a aprender e executar melhor uma única tarefa, com maior conectividade intra-hemisférica oferecendo um sistema eficiente de ação coordenada, já que o cerebelo e a parte frontal do cérebro trabalham juntos, ligando percepção e ação.*

*Mulheres têm memória superior e mais habilidades de cognição social, tornado-as mais bem preparadas para realizar multitarefas e criar soluções para trabalho em grupo. Suas conexões inter-hemisféricas facilitam a integração dos processamentos sequenciais e de análise do seu hemisfério esquerdo com os processamentos intuitivos do lado direito.*

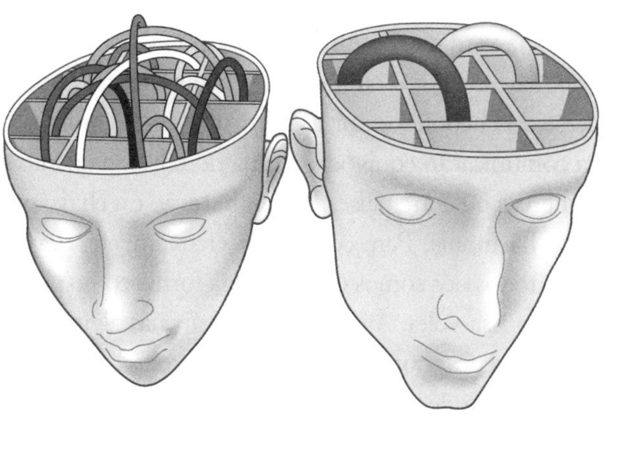

# 7

# “VOCÊ NUNCA ME ESCUTA”: COMUNICANDO COM INTELIGÊNCIA

Imagine duas pessoas conversando. Só que ela fala inglês, e ele japonês. Eles tentam associar o significado do que querem dizer com gestos, mas nada funciona. Sem conseguirem se expressar no idioma do interlocutor, as vozes se elevam e as referências se tornam movimentos bruscos e mímicas exacerbadas. Não demora muito até que, frustrados, ambos desistem e encerram as tentativas de comunicação.

A cena é comum – e nem sempre envolve pessoas de idiomas diferentes. Na verdade, costuma acontecer entre casais, colegas de escritório, pais e filhos e em qualquer lugar habitado por mais de uma pessoa. Há conflitos por toda parte, e esses conflitos nascem de uma comunicação equivocada. Seja no relacionamento amoroso, na empresa ou entre países, a comunicação é a chave para criar um elo de harmonia. Para comunicar efetivamente, devemos entender que todos nós somos diferentes na forma como percebemos o mundo à nossa volta. Às vezes, mudar apenas algumas palavras faz toda a diferença; outras vezes, é preciso mais que isso.

A princípio pode parecer simplista essa afirmação, mas suas próprias experiências não me deixam mentir: pense em uma ocasão em que você e outra pessoa estavam em total sintonia. Busque em sua memória alguns fatores desse encontro que tenham proporcionado essa harmonia. Pode ser que gostassem da mesma banda ou esperavam o mesmo ônibus. As palavras que ela usava faziam sentido para você, e é quase como se pudessem finalizar as frases um do outro. O senso de humor de ambos era similar e os valores dela pareciam uma extensão de suas próprias crenças. Seja como for, todos nós já conseguimos, em algum momento de nossa vida, estabelecer uma conexão efetiva com outra pessoa. Pode ser um amigo, cônjuge, familiar ou até mesmo alguém que conheceu por acaso: todos temos a capacidade de "entrar" no mapa mental de alguém, para fazer esse alguém se sentir compreendido, apreciado e parte de um vínculo em comum. Entre homens e mulheres, isso se torna essencial e, ao mesmo tempo, desafiador, pois simplesmente não jogamos com as mesmas regras.

Com isso dito, é seguro afirmar que este capítulo pode mudar sua vida.

Comunicação é a chave para um relacionamento sadio e gratificante – seja ele amoroso, profissional ou pessoal. Não surpreendentemente, essa mesma comunicação é apontada como um dos principais ceifadores de casamentos mundo afora. "Ele não me escuta", é o que elas costumam dizer. De fato, muitos não escutam – porque não *aprenderam* a escutar (e comunicar) com inteligência. Permita-me uma analogia: considere os orgãos sexuais masculino e feminino. A diferença na forma como são construídos nos oferece uma metáfora oportuna para compreendermos o estilo de comunicação de cada um. O orgão masculino é simples: reto, com uma função bem definida em sua extremidade. O feminino é circular, uma paisagem anatômica única, tão multitarefada quanto a própria mente da mulher. São, para todos os efeitos, diferentes: onde eles têm pêlos abundantes, elas não têm nada. Onde eles exibem musculatura definida, elas têm maciez. E, onde neles há ângulos, nelas há curvas. A forma como ambos os sexos se comunicam é igualmente distinta. Veja algumas dessas distinções e tente se lembrar quantas vezes teve uma discussão desnecessária simplesmente porque não as compreendia:

ENTENDENDO A COMUNICAÇÃO ENTRE OS SEXOS

"Precisamos conversar"

• Ele acredita que toda conversa deve ter um propósito claro. Devido à sua natureza orientada pela busca de soluções palpáveis e raciocínio linear, o homem acredita que, por trás de toda conversa, deve haver um problema a ser resolvido ou uma opinião a ser dada sobre algo – do contrário, por que conversar?

• Ela usa comunicação para descobrir como se sente e o que quer dizer. Para a mulher, a conversa é um ato de compartilhar emoções e uma oportunidade de aumentar a intimidade com seu parceiro. Ao verbalizar seus pensamentos, ela solidifica seu vínculo com o homem que ama. Não à toa, diz-se que o orgasmo do homem acontece entre as pernas, enquanto o da mulher acontece entre as orelhas.

"Ainda não acabei de falar!"

• Ele prioriza eficiência e produtividade na vida cotidiana – e o mesmo se aplica às suas conversas. Quando o homem conta uma história, a mesma já passou por todos os filtros mentais necessários, e ele compartilhará somente aquilo que julga essencial ao entendimento do fato. Por esse motivo, homens frequentemente se perguntam "por que mulheres falam tanto?". Logo após esse pensamento, ele interromperá a conversa e injetará sua própria opinião – e todos nós sabemos o que acontece depois disso.

• Ela usa comunicação como forma de explorar e organizar seus pensamentos, descobrindo durante esse processo o que é, de fato, essencial. Nesse caso, permanece verdadeira a máxima do capítulo anterior: ela não está necessariamente em busca de uma solução quando inicia uma conversa, portanto, limite-se a *ouvir*.

"Mas eu *estou* te ouvindo!"

• O homem é condicionado a ouvir ativamente. Quando uma mulher inicia uma conversa, ele entende que ela está buscando conselhos ou ajuda. Tudo o que ela disser a partir de então será analisado sob a lente masculina que preza a objetividade e ação – adjetivos que passam longe de "paciência" e "passividade".

• Os homens que usam a conversa como uma solução para problemas reais ficam intrigados quando descobrem que elas se interessam pela conversa com um fim em si mesmo. Se ela se sente suficientemente apreciada e compreendida ao expor suas aflições, é provável que finalize a conversa com uma sensação de vínculo muito mais forte e íntima – sem que ele precise abrir a boca.

Garantiram-me que a história é verdadeira.

Um casal decide ir a um restaurante para celebrar o aniversário de casamento. O garçom serve duas taças de vinho e a esposa propõe um brinde. "Claro", o marido concorda, e prontamente toca sua taça contra a dela: "Saúde!". A esposa protesta, com ar de incredulidade: "Que tipo de brinde é esse? Parece que está brindando uma cerveja com os colegas do escritório! Um brinde com sua esposa deve ser algo mais íntimo, romântico". O marido suspira e tenta novamente. "A você, meu amor", recitou ao tilintar das taças. "A você? O que isso significa, afinal?", a esposa indagou, seu tom de indignação ganhando uma inflexão cada vez mais acentuada. "Sei lá o que significa, é apenas um brinde, meu Deus!", ele exclama impacientemente, "O que você espera que eu diga, afinal?". A esposa pondera a pergunta por alguns segundos. "Bem, eis algumas coisas que eu gostaria de ouvir em um brinde", ela começou. "*Meu amor, sou tão feliz por tê-la ao meu lado; você me faz sentir especial e não consigo imaginar minha vida sem você*', coisas assim!". O marido sorri ao som das palavras enternecidas da amada e levanta sua taça à altura dos olhos. Ela faz o mesmo, seu coração começa a palpitar, os olhos cintilando em expectativa das palavras que tanto espera ouvir. Então, as taças se tocam e o marido diz: "Feito!"

Essa breve história remonta ao que vimos nos capítulos anteriores: mulheres se comunicam com detalhes. Quanto mais minucioso for o relato, mais chances ela terá de usar aquela comunicação para criar um vínculo com seu interlocutor. O homem, por sua vez, irá direto ao ponto. Uma vez compreendidas as diferenças de comunicação entre os sexos, cabe definir o que é, de fato, comunicação. Para isso, responda a seguinte pergunta: quanto você acha que nossa comunicação é transmitida por meio de palavras?

*NÃO* olhe a página seguinte até que tenha estipulado uma porcentagem.

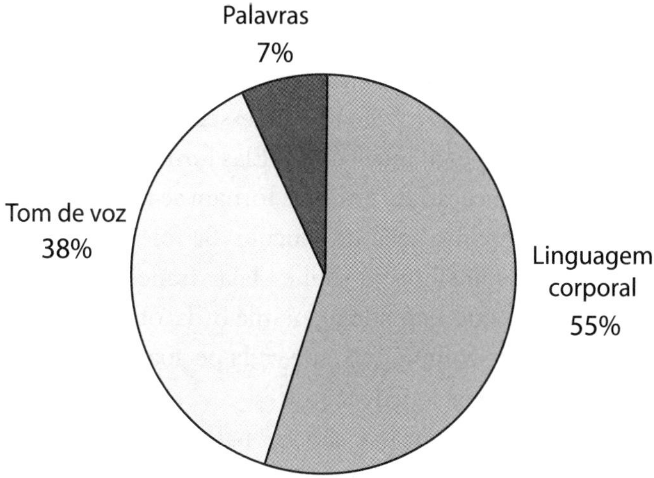


Quando faço essa mesma pergunta em palestras, é comum ouvir palpites que vão de 50% a 100%. No entanto, estudos neurolinguísticos mostram que somente 7% do que é comunicado entre as pessoas é transmitido por meio de palavras. O tom de voz assume 38%, e 55%, a maior parte, é um resultado de linguagem corporal (expressões, postura e gestos). Considere, por exemplo, a cena retratada no início deste capítulo: quando duas pessoas se desentendem pelas palavras, recorrem automaticamente a outras formas de comunicar sua mensagem. Ao tentar criar entendimento de sua mensagem meramente pelo conteúdo da conversa, estamos ignorando as formas mais amplas para comunicar o que queremos para o cérebro da outra pessoa. O engano que muitas pessoas cometem é se concentrar apenas nas palavras, reduzindo, assim, seu poder de influência a 7%. No entanto, devemos considerar o mapa mental do interlocutor para obter melhores resultados.

Portanto, para cada um desses elementos – palavra, tom de voz e linguagem corporal –, existem formas de calibrar e ajustar sua comunicação para criar um elo de harmonia e vínculo.

Apesar de apresentarem uma baixa porcentagem no produto final da comunicação, palavras são essenciais para criar harmonia e comunicar com inteligência. Elas fornecem pistas sobre o estilo de comunicação da pessoa e tornam-se uma ferramenta poderosa para a construção de vínculo. Se for à França, você vai se comunicar melhor se souber falar francês. Da mesma forma, torna-se vital entender, por meio da observação e da prática, o estilo de comunicação de cada pessoa e as facilidades e limitações a ele relacionados.

Uma das chaves para isso são as "palavras de transe". Elas funcionam como uma espécie de bússola, que indica o direcionamento mental para onde aquela pessoa deseja ser levada. Dominar essa habilidade o tornará um comunicador mais flexível, capaz de estabelecer harmonia com qualquer pessoa, além de automaticamente torná-lo um excelente ouvinte.

Uma palavra de transe pode ser qualquer palavra que a pessoa use com frequência para comunicar determinado estado. São palavras nas quais ela coloca ênfase e que representam sua forma de enxergar o mundo. Isso significa que, ao usar essas mesmas palavras, você será capaz de comunicar diretamente com o consciente e inconsciente da pessoa. Ao ouvir seu interlocutor usá-las, ela se sente compreendida e acolhida, produzindo a impressão de imediata conexão e apreciação.

Para ilustrar a sofisticação dessa técnica, gostaria de dar o exemplo de uma situação em que ela *não* foi usada. Lembro-me da ocasião em que me relataram o acompanhamento psicológico de uma jovem que estava passando por depressão e um alto nível de estresse devido à sua recente demissão da empresa onde havia trabalhado pelos últimos seis anos. Em um de seus relatos, ela contou que presenciou algumas falcatruas e injustiças nessa empresa, algo que feriu fortemente seus valores e a fez entrar em um espiral depressivo, resultando em seu desligamento profissional. Mais adiante na sessão, a terapeuta, desatenta ao uso específico das palavras de sua cliente, sugeriu que ela "relevasse" determinada situação. A reação desta jovem foi inesperada. Seu rosto ficou subitamente rubro, seus olhos saltaram e ela apontou o dedo para o rosto da terapeuta, bradando enfaticamente: "*Não me diga para relevar!*", seguido de um choro compulsivo. A razão desta reação é simples. Segundo a jovem, quando confrontava seus colegas de trabalho sobre as injustiças que ocorriam dentro da empresa, eles diziam: "Não se preocupe com isso. *Releve*", e essa palavra ganhou, por associação, uma conotação dolorosa e frustrante para ela, desencadeando emoções negativas quando usada.

Isso só aconteceu porque a terapeuta não se atentou às palavras de transe de sua cliente. Uma abordagem mais sofisticada seria ouvir atentamente ao que ela dizia e usar palavras de transe positivas mais tarde. Tome como exemplo o diálogo fictício entre Júlio e Márcia, ambientado em outro cenário. Júlio conheceu Márcia recentemente e está buscando se conectar em um nível mais profundo com ela pelas suas palavras de transe.

Júlio: Para você, o que é mais importante em um relacionamento?

Márcia: Eu procuro alguém que me faça sentir confortável e compreendida.

*Ele anota mentalmente as palavras "sentir", "confortável" e "compreendida".*

Júlio: Sim, é ótimo quando encontramos alguém que nos faça *sentir* seguro, com quem podemos simplesmente *ser nós mesmos*, não é verdade?

*Em vez de simplesmente concordar com o que foi dito, Júlio também inseriu sua própria opinião, utilizando variações das palavras de transe de Márcia. Ao utilizar termos como "seguro" e "ser nós mesmos", ele remontou aos valores de conforto e compreensão que ela havia apontado anteriormente como sendo as coisas mais importantes em um relacionamento. O resultado é a sensação imediata de profunda conexão e vínculo.*

A pergunta de Júlio permitiu que ele desse um largo passo em direção a enxergar qual era a principal necessidade emocional de Márcia naquele momento – e isso varia de pessoa para pessoa. Conhecer o sistema representativo mental de alguém requer observação cuidadosa e ouvidos atentos.

### Comunicando com inteligência pelo tom de voz

Imagine uma pessoa de fraseado rápido e cadência acentuada conversando com alguém com tom mais baixo e ritmo lento. É provável que uma das duas se sinta desconfortável, ou até mesmo irritada, durante esta comunicação. De fato, essa simples diferença no ritmo pode resultar em desarmonia e pobre compreensão da mensagem que está tentando ser transmitida.

Ajustar o tom vocal exige atenção e percepção. Trata-se de perceber as pistas (tom, velocidade, diapasão, volume, pausas) que indicam o estado mental ou emocional da outra pessoa, e então ajustar a sua comunicação para se adequar ao dela, criando harmonia e aumentando seu poder de persuasão. Veja o exemplo de uma empresa de *telemarketing* americana. Cientes de que só podiam aproveitar-se da voz para fechar suas vendas, os vendedores desta empresa foram instruídos por especialistas a falarem na mesma velocidade da pessoa que atendia ao telefone, emulando seu tom, volume e inclusive se atentando às suas palavras de transe. O resultado foi um aumento superior a 30% nas vendas!

Entre homens e mulheres, é espantosa a incongruência entre tom e mensagem – e uma das principais fontes de problemas. A mulher reclama que não se sente amada, e o marido rebate dizendo que repete todos os dias que a ama – mas em um tom que a faz compreender exatamente o oposto. No exemplo do casal que decide brindar o aniversário de casamento, citado neste capítulo, o homem, além de usar pobremente as palavras, desconsiderou absolutamente o fator tom de voz. Para se ter uma ideia do poder desta técnica – e de como ele poderia se beneficiar dela mesmo sem ser um poeta à mesa de jantar –, considere a seguinte experiência científico-social realizada em uma Universidade americana: pesquisadores reuniram 40 alunos, sendo 20 garotos e 20 garotas, e os sentaram frente a frente, formando casais. Foi pedido que eles dissessem apenas três palavras – mas que o fizessem em um tom de voz carinhoso, terno e sereno.

As três palavras eram: "Passe o sal."

Interessantemente, 90% das duplas formadas começaram a namorar após o experimento, e dois casais de fato se casaram.

Não é *o que* é dito, mas *como* é dito.

## Comunicando com inteligência pela linguagem corporal

Eis um fato a se considerar: em um estudo conduzido com cegos congênitos, pesquisadores notaram que, ao finalizar uma tarefa esportiva, eles comemoravam jogando os braços para o alto, em sinal de vitória – mesmo sem nunca ter tido uma referência visual desse tipo de comunicação não verbal. Muitas pessoas não se dão conta, mas somos psicólogos naturais. Você sabe, por exemplo, ao ver uma pessoa caminhando cabisbaixa, tórax afundado e ombros baixos, que ela está chateada com alguma coisa. Sabe também que uma pessoa está feliz quando a vê com uma expressão suavizada, respiração profunda e postura ereta. Essas referências arquetípicas de linguagem corporal vêm de muito além da psique humana, se estendendo ao universo animal, onde mamíferos apresentam os mesmos trejeitos comportamentais para sinalizar emoções semelhantes.

Visualize a seguinte cena: o marido chega do trabalho com a cabeça cheia de problemas. Alguns minutos depois, sua esposa chega, empolgadíssima com a notícia de que ganhou uma promoção no trabalho e ansiosa para compartilhar a novidade. No entanto, ela logo percebe que o marido ainda está de paletó, sentado à mesa em uma postura curvada, a testa apoiada em uma das mãos, enquanto toma lentamente uma xícara de café. Em vez de contar as boas novas imediatamente, ela age com inteligência e cria vínculo sentando-se ao lado dele para conversar e perguntar como ele está. Este vínculo seria rompido se ela ignorasse a linguagem corporal do marido e anunciasse, com um grande sorriso: "Sou a nova gerente de compras da firma!".

Da mesma forma, uma pessoa pode apontar o dedo para você e dizer, com a testa franzida: "Conte comigo!", e sua percepção ser totalmente oposta. Para se comunicar efetiva e emocionalmente, é necessário que exista uma integração entre os três elementos da comunicação. Em caso de incongruência, o receptor da mensagem ficará confuso com a incompatibilidade de sinais, podendo causar falhas na conversa – como no exemplo da interação a seguir:

Verbal: "Não tenho nada contra você!"

Não verbal: Evitando contato visual, corpo fechado (braços cruzados ou ombros virados), respiração entrecortada.

É natural que o receptor desta mensagem confie mais na predominância de pistas não verbais (38% + 55%) do que no sentido literal das palavras ditas.

Ajustar sua abordagem de acordo com as pistas não verbais emitidas pela pessoa e manter uma linguagem corporal apropriada à sua mensagem é essencial na construção de vínculo e o elemento mais importante da comunicação.

# 8

# A PIRÂMIDE DO AMOR

Entender a mente humana de uma forma geral é uma coisa. Compreender a mente da pessoa com quem você está é outra completamente diferente! Ao conhecer as heranças genéticas, neurológicas e comportamentais de cada gênero, podemos criar conexões profissionais, sociais e amorosas com muito mais precisão. Essa última, aliás, é tão importante que dediquei este capítulo a entendê-la.

Imagine um jogador de futebol de olhos vendados. Ainda que esteja com a bola nos pés e possua habilidade para dominá-la, dificilmente conseguirá passar pelos obstáculos em campo ou mesmo chutar para o gol – se é que saberá em qual direção seu gol está! Visualize a mesma situação, dessa vez com um jogador de basquete em uma quadra. Sem se localizar dentro do "mapa", sua busca pelo objetivo se torna inviável. Em um relacionamento amoroso, o propósito maior é saciar as necessidades de ambos de forma serena e completa. Para isso, devemos considerar o estágio no qual ambos se encontram na Pirâmide do Amor (o "mapa") e entender as diferentes formas pelas quais saciamos nossas necessidades (o propósito) em cada um desses níveis.

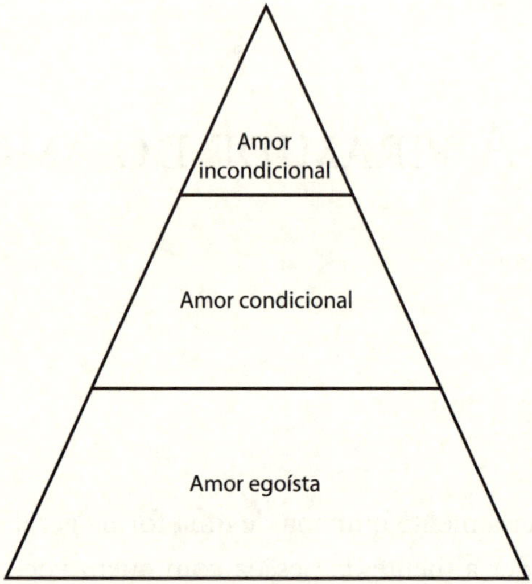


PRIMEIRO ESTÁGIO: amor egoísta (minhas necessidades vêm primeiro).

Este é o nível mais primário e menos maduro. Nele, um dos parceiros (ou ambos) está focado em saciar sua própria necessidade primeiramente. Quando isso acontece, o relacionamento torna-se frágil e é, com frequência, o motivo pelo qual duas pessoas não estabelecem uma conexão verdadeira. Ao colocar sua própria necessidade acima da de outra pessoa, ocorre um rompimento de confiança e união, podendo até causar uma disputa conflituosa para ver quem terá suas carências atendidas antes.

Você já se viu em uma discussão com seu parceiro(a) sobre quem está certo, quem está errado, quem vence e quem perde? Isso acontece com todos – e quando acontece, é porque estamos nos subjugando ao amor egoísta, uma forma insustentável de atingir conexão. Ao colocar suas próprias ânsias à frente do outro, a confiança é minada pelo individualismo e o relacionamento sucumbe ao autointeresse.

SEGUNDO ESTÁGIO: amor condicional (você terá o seu quando eu tiver o meu).

Este nível pode ser referido como "casa de câmbio": cada gesto, cada presente, cada concessão tem uma expectativa de retorno. Nada é dado de boa vontade, somente como forma de barganha ou justa troca movida a ganhos pessoais. Em dito estágio, onde amor é concedido em troca de favorecimentos, nada é simples. Tudo é calculado como forma de criar débito, de maneira que a outra pessoa nunca sabe ao certo o preço que pagará por aquele amor, tornando difícil sua aceitação. Inconscientemente, o casal que se encontra neste estágio cria um modelo de justa troca, como mecanismo de autopreservação e alternativa ao constante "débito" emocional. Entretanto, tal comportamento não permite a criação de expressões espontâneas de amor que levam a um relacionamento gratificante.

Confiança e cumplicidade nascem da crença de que o relacionamento é maior e mais importante do que qualquer troca individual de prazeres momentâneos. No segundo estágio, torna-se mais comum o jogo de culpas, desconfianças e gestos controlados, provocando hesitação na hora de demonstrar sentimentos. Por isso, mais do que nunca, este nível pede comunicação e construção de vínculo.

TERCEIRO ESTÁGIO: amor incondicional (as necessidades do outro vêm primeiro)

O terceiro estágio é o mais gratificante. É onde paixão, emoção e confiança fluem naturalmente em mão única. É onde residem os relacionamentos duradouros, nos quais cada um dos parceiros tem o outro como prioridade, conhecendo e atendendo a suas necessidades sem calcular um retorno. Este nível é alcançado quando ambos se dão conta de que o amor que sentem um pelo outro é incondicional, isto é, absoluto e irrestrito, e que nenhuma recompensa se faz necessária para tal sentimento ser expressado. Torna-se, assim, mais fácil para o casal experienciar plenitude e satisfação, uma vez que isso pode ser atingido tanto agradando a si ou ao outro. Dissipam-se as incertezas e a ansiedade que vêm do medo de não ter suas necessidades atendidas, pois elas serão prioridades para a outra pessoa – bem como as dela serão para você. Neste nível, há segurança suficiente para que o amor seja demonstrado não somente na esfera material (presentes, surpresas), mas também emocional (entrega, confiança).

É natural que, ocasionalmente, o relacionamento regrida a algum dos dois estágios iniciais, como reação a um estímulo negativo. Em tais momentos, o casal talvez barganhe seus sentimentos, ou até mesmo foque em suas necessidades individuais. Entretanto, se o "centro gravitacional" da relação está no terceiro nível, esses conflitos mostram-se temporários e o casal se permite viver uma das raras experiências da vida.

Em qual estágio você está?

A pergunta é confrontante e provocadora – e eu a faço a fim de estimular seu pensamento sobre a estrutura da Pirâmide do Amor, uma vez que, na maioria dos casos, sua percepção do relacionamento é um reflexo do estágio no qual *você* está. Por exemplo: se o homem está no terceiro nível – atendendo incondicionalmente às necessidades de sua parceira – e ela está no primeiro estágio – focando somente em suas próprias necessidades –, o relacionamento certamente não se manterá no nível três, pois o amor "egoísta" tomará vantagem do amor "incondicional", e eventualmente ambos perderão a confiança no outro. Nesse sentido, ele começará a questionar suas ações, forçando-o a criar um "sistema de troca" (nível dois) e parar de doar-se espontaneamente.

Por outro lado, se o relacionamento se encontra no segundo nível e um dos parceiros toma a iniciativa de estudar e entender as necessidades do outro, sem qualquer pretensão de retorno, o sentimento entre ambos transitará mais livremente, garantindo a tão almejada plenitude amorosa. O segredo é aprender a encontrar prazer em superar obstáculos e se desafiar, permitindo que essa força avassaladora transforme positivamente sua vida. Isso não significa, no entanto, que a partir de então tudo será flores.

O amor nunca é livre de esforço, tampouco sobrevive de regras. Como tudo na vida, o amor evolui e cresce ou regride e padece. Se um casal quiser viver um amor verdadeiramente incondicional, terá que se dedicar a isso: superar o cansaço, deixar de lado o orgulho e o comodismo, investir tempo, energia e sentimento. Valorizar cada palavra, cada silêncio, cada gesto, cada suspiro – não porque esperam algo em troca, mas porque sabem que o laço amoroso, quando sincero, torna-se um compromisso de alma.

Para se atingir esse estágio, porém, é preciso construir confiança a partir de uma conexão profunda e verdadeira – habilidades que abordamos no decorrer deste livro, de modo que você possa produzir os mesmos resultados em sua vida, a partir de *agora!*

# 9

# Pensando, sentindo e compreendendo: o admirável novo Você!

Um navio desatraca do porto e trafega pelas águas cristalinas de um oceano rumo a um novo continente. A bordo de sua poderosa estrutura, ornamentos de grande valor se fazem notar: cristais, barras de ouro e reluzentes pedras preciosas. Inesperadamente, o tempo se agita e o vento começa a soprar furiosamente. As ondas reagem ao estímulo impiedoso da natureza e tombam a embarcação, afundando vagarosamente sua pesada carcaça e inestimável riqueza – tornando seu valor nulo.

O mesmo acontece com o nosso conhecimento.

Existe uma grande mentira que circula em nossa sociedade e ela foi perpetuada por anos de repetição decorada e objetividade infundada: "Conhecimento é poder". Conhecimento não é poder – mas poder em *potencial*. Seu conhecimento só terá real valor quando for "desenterrado" e colocado em prática. Em outras palavras, o real *poder* está na *ação*.

Você e eu percorremos um longo caminho juntos pelas páginas deste livro. Compreendemos nossos papéis evolucionários e habilidades biológicas para dar sentido às diferenças comportamentais que intrigam a raça humana há gerações. Sem esse entendimento, as pedras no caminho se tornam montanhas, a união vira sinuosa angústia, as decepções se transformam em penhascos escarpados e os desafios se apresentam como turbulentos ceifadores da tão almejada felicidade. Este livro lhe deu instrumentos, técnicas e ideias que podem mudar sua vida. É provável que nos próximos dias você comece a se tornar consciente de seu próprio comportamento e também dos hábitos de seus familiares, amigos, colegas e cônjuge. Poderá notar, também, que suas habilidades de adequação e conexão melhoraram à medida que vínculos mais fortes foram se construindo fluidamente ao seu redor. Onde antes havia discórdia e desentendimento, notará que agora há compreensão, amizade e cumplicidade – estados que produzirão milagres para você e para as pessoas com quem se preocupa.

Mas isso só acontecerá se você fizer com que aconteça.

É tempo agora de você tomar uma decisão. Neste momento, prometa a si mesmo que será uma força ativa de transformadora comunicação, não permitindo que sentimentos de derrota, mágoa e rancor entrem em sua mente e permeiem seus relacionamentos. Isso não significa que você tem de ser irrealista e viver em negação – mas que você agora compreende que os valores e habilidades que nos movem, na qualidade de homens e mulheres, são essencialmente diferentes entre si, e que emoções negativas nos impedem de realizar as ações capazes de mudar nossas vidas.

Cuidar de si mesmo é a melhor forma de cuidar de quem você ama. Afinal, todos temos diferenças, mas é o modo como lidamos com as nossas próprias limitações que definirá a qualidade de nossas vidas. A riqueza de um relacionamento gratificante nasce da diversidade: respeite as diferenças, interaja elegantemente com elas, divirta-se. Almeje a felicidade e direcione seus passos a ela sem medo. Essas atitudes despertam o desejo de união sincera, de compreensão, de lealdade e, principalmente, de paixão pela vida. E daí que ela não vem com manual de instruções? Se viesse, o melhor seria destruí-lo mesmo! A única regra da vida é adaptação. Desejar moldar os outros à sua semelhança é ilusório e um passaporte para uma vida solitária. Homens e mulheres são diferentes – e isso é maravilhoso! Aprendemos que reconhecer essas diferenças não nos diminui, mas nos engrandece e ajuda a enxergar a beleza da existência e a construção da união. O amor, seja ele do tipo que for, só é livre de esforços nos contos de fada. Viver feliz para sempre significa chorar de vez em quando e respeitar sempre.

Essa é a mensagem maior deste livro. Respeite. Entre o pensar e o sentir, use o respeito como ponte para chegar à compreensão – e, se este livro ajudou você a se mover nessa direção, me considerarei, honestamente, muito feliz e privilegiado. Eu o desafio a trilhar este caminho. Desafio que traga seu tesouro à superfície e comande seu navio com a certeza de que pode navegar o mar das relações interpessoais de forma feliz e gratificante, como todos nós – homens e mulheres – queremos e merecemos. Afinal, a vida é mesmo esse grande porto: Deus permite quem chega, a mente escolhe quem desembarca e o coração decide quem fica.

É meu desejo que eu tenha ganhado um espaço em seu coração e que você mantenha contato comigo. Espero também que tenhamos o privilégio de nos conhecer pessoalmente em uma de minhas palestras ou viagens. Quando isso acontecer, não deixe de se apresentar. Será uma grande honra conhecer você e ouvir as histórias que trouxeram você a este livro – e como sua vida mudou depois disso.

Até lá, eu o(a) deixo com uma antiga bênção celta: "Que vivas todo o tempo que quiseres, e que sempre vivas plenamente. Lembra sempre de esquecer as coisas que te entristeceram, e não esqueça de se lembrar das coisas que te alegraram".

Até breve e fique com Deus.

Danilo Ferraz

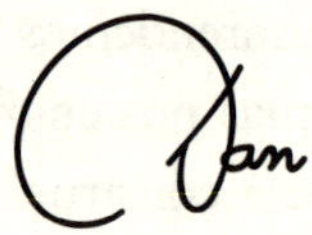

# Perguntas de conclusão

Nossa caminhada pelas páginas deste livro termina aqui e a tocha está agora em suas mãos. Ilumine o caminho de outras pessoas com suas ações; seja luz. Partilhe o conhecimento e partilhe a paixão pela vida – como fez comigo: ofereceu-me um grande presente ao se permitir apreciar o conteúdo deste livro e espero sinceramente que ele tenha tocado você de uma forma especial, de modo que esteja mais próximo da felicidade que deseja.

As perguntas a seguir ajudarão você a colocar isso em perspectiva.

1. Por que valeu a pena ler este livro? Relacione três coisas que aprendeu.

2. Como esse conhecimento será colocado em prática?

3. Que resultados espera obter?

4. Com quem vai compartilhar essas ideias?

AS COMPANHIAS DANILO FERRAZ

Com uma missão de transformação social e melhoria de qualidade de vida, as Companhias Danilo Ferraz dedicam-se, por meio de uma aliança de profissionais interessados e capacitados, a direcionar esforços pontuais para fazer a diferença na vida de crianças, desabrigados e idosos, oferecendo recursos para inspiração, educação, treinamento e desenvolvimento pessoal.

Para mais informações e uma lista completa dos serviços e produtos disponíveis, visite o site oficial do autor: www.daniloferraz.com.br